Franz-Xaver Treml

Exotische Kräuter

KOSMOS

Liebe Leserinnen und Leser,

mit diesem Buch erfüllt sich für mich ein Kindheitstraum, der ein halbes Jahrhundert überdauert hat. Seit 50 Jahren interessiere ich mich für exotische Pflanzen und die Abenteuer, die mit ihnen verbunden sind. Vor 30 Jahren gründete ich meine eigene Gärtnerei im Bayerischen Wald. Die Bedingungen sind hier nicht gerade optimal und stellen eine große Herausforderung für Mensch und Pflanzen dar. Als ich damals meine Gewerbeanmeldung machte und zum Gemeindeschreiber sagte: „Ich hätte gerne eine Gärtnerei angemeldet", da antwortete er, ohne mich anzuschauen: „Wegen Deinen fünf Salatstauden brauchst kein Gewerbe anmelden, mehr verkaufst auch in diesem Dorf nicht." Doch er

sollte sich täuschen. Nach und nach wuchs der Betrieb, der sich auf den biologischen Anbau von mehr als 3000 erbgutunveränderten Pflanzen spezialisiert hat. Inzwischen werden unsere Kräuter und exotischen Pflanzen in Länder der ganzen EU verschickt.

Im Mittelpunkt meiner Arbeit mit Kräutern steht die Kultur und der Verkauf zum optimalen Zeitpunkt, d. h. an dem in den Pflanzen ein Höchstmaß an Wirkstoffen enthalten ist. Beratung und viele Diskussionen mit meinen Kunden gehören genau so dazu wie das Sammeln von Erfahrungen in der praktischen Anwendung. In unzähligen Führungen und Fernsehauftritten habe ich mein Kräuterwissen weitergegeben und wurde von den Teilnehmenden immer ermutigt, diesen Wissensschatz als Buch zu veröffentlichen.

Inzwischen ist schon mein drittes Buch erschienen, aber das vorliegende, „Exotische Kräuter", liegt mir besonders am Herzen, denn hier kann ich auch meine Erlebnisse aus fremden Ländern dem Leser näherbringen. Und auf die Frage, „Was machen wir hier mit solchen Exoten?", gibt es eine klare Antwort. Woher würden wir Kaffee, Tee und viele Gewürze kennen, wenn es die damaligen Entdecker mit Pioniergeist nicht gegeben hätte?

Lassen Sie sich entführen und informieren Sie sich – es gibt in unserer Natur und in fremden Welten noch so viel zu entdecken.

Franz-Xaver Treml

Inhalt

Guaven-Salbei (*Salvia darcyi*)

4

Zum Gebrauch dieses Buches

Dieses Buch ist nach Hekunft geordnet (siehe Inhalt Seite 3). Innerhalb der Kapitel sind die Pflanzen nach botanischen Namen sortiert.

Indianerknoblauch

Indianerknoblauc

Allium canadense

| | Höhe bis 30 cm | Erntezeit Juli bis Septem |

Deutscher Name

Botanischer Name Der botanische Name setzt sich aus zwei Teilen zusammen. Der erste Name bezeichnet die Gattung, der zweite die Art. Manchmal befindet sich ein × zwischen dem Gattungs- und dem Artnamen. Dann handelt es sich um eine Hybride. Ein × vor dem Gattungsnamen bedeutet, dass man es mit einer Gattungshybride zu tun hat.
Syn. weist auf einen oder mehrere synonyme Namen hin, unter dem/denen die Pflanze auch bekannt ist und gehandelt wird.

Das mehrjährige und winterharte Lauchge wächs bildet schmackhafte Zwiebeln. Bere die Indianer haben damit Suppen gewürzt Im Frühsommer erscheinen weiße oder ro farbene Blüten. Der Blütenschaft kann übe 30 cm lang werden, die Blätter bleiben kle **Herkunft** Nordamerika, lichte Wälder un Prärien.
Standort Ein sonniger Platz mit lockerem nährstoffreichem Boden ist ideal.
Pflege Reichlich gießen, der Indianerknob lauch braucht keine zusätzlichen Düngerg ben. Verjüngen Sie die Pflanze alle zwei bis

Standort Symbole für die Lichtbedürfnisse der Pflanzen: sonnig, halbschattig, schattig.

Pflanzenhöhe Hier ist die durchschnittliche Wuchshöhe angegeben. Durch hohes oder niedriges Licht- und Nährstoffangebot kann es zu Abweichungen kommen. Hängende Pflanzen können oft mit Kletterhilfe auch aufrecht gezogen werden. Bitte beachten Sie auch, dass die Sorten eine andere Höhe haben können als die Art.

BLÜTENFARBE

BLÜTEZEIT

Blütenfarbe Hier ist die Blütenfarbe der in der Überschrift genannten Art abgebildet:
Farbvariation in Weiß, Gelb, Orange, Rosa, Rot, Violett, Blau, Grün, Braun.

| Jan | Feb | März | April | Mai | |

Erntezeit Monate, in denen das Kraut oder ein Teil davon geerntet werden kann.

Pflege Pflegeleicht: schon für Anfänger geeignet Anspruchsvoll: für Fortgeschrittene Wenn nichts angegeben ist, braucht man für die erfolgreiche Kultur die Grundkenntnisse der Kräuterpflege.

Topfkultur Pflanze kann auch in Topf und Kübel auf Balkon oder Terrasse gezogen werden.

Giftigkeit Viele Kräuter, zum Beispiel Rosmarin und Salbei, dürfen nicht während der Schwangerschaft eingenommen werden. Auch bei Kindern ist manchmal Vorsicht geboten. Das ist in dem Buch teilweise, aber nicht immer erwähnt.

Jahre durch eine Teilung des Wurzelstocks. Der Indianerknoblauch neigt zur Selbstvermehrung mit Luftzwiebeln.
Schädlinge Zwiebelfliegen.
Vermehrung Brutzwiebeln.
Ernten Zwiebeln, bilden sich am Blütenstiel und unter der Erde.
Küche Die Zwiebeln haben ein ausgezeichnetes Aroma. Sie können eingelegt verzehrt werden. Auch als Suppenwürze und zu Salaten schmecken sie hervorragend. Die Luftzwiebeln eignen sich auch gut zum Garnieren vieler Speisen.

Die deutschen Namen Die Namen können regional sehr unterschiedlich sein. Es kann sogar vorkommen, dass zwei verschiedene Pflanzen in der Umgangssprache denselben deutschen Namen haben. Eindeutig ist nur der botanische Name, allerdings kommt es auch hier immer wieder zu Umbenennungen.

Arten und Sorten Bitte beachten Sie, dass die anderen genannten Arten und Sorten oft etwas abweichend von der ausführlich beschriebenen Art gepflegt werden müssen.

Blütezeit Im farblich hervorgehobenen Feld ist die durchschnittliche Blütezeit angegeben.

Juli   *Aug*   *Sept*   *Okt*   *Nov*   *Dez*

Praxis

Viele exotische Kräuter und Gewürze werden in ihren Heimatländern wegen ihres Aromas und ihrer heilkräftigen Wirkung gepflegt und in der Küche verwendet. Sie würzen Speisen, verbessern den Geschmack und lindern die verschiedensten Beschwerden.

Bereits 3000 v. Chr. spielten exotische Kräuter zum Beispiel auf Kreta eine große Rolle. Der Handel von exotischen Pflanzen und Gewürzen aus arabischen, indischen und asiatischen Ländern war ein einträgliches Geschäft.

Einige dieser Pflanzen hat auch Hildegard von Bingen (1098 bis 1179) bereits beschrieben, vor allem den wärmenden Galgant, das verdauungsfördernde Süßholz und den magenfreundlichen Ingwer. Entdecken auch Sie die wohlschmeckende Welt der exotischen Kräuter.

Die Welt der Kräuter

Exotische Kräuter, Gewürz- und Teepflanzen erfreuen sich in den letzten Jahren eines regelrechten Booms. Immer mehr Köche bedienen sich der besonderen Aromen exotischer Pflanzen und begeistern uns mit der geschmacklichen Vielfalt fremdländischer Küchen. Dazu kommt natürlich auch der weltweite Tourismus, der Reisenden die regionalen Kräuter und Gewürze näherbringt. So mancher ist im Urlaub schon auf den Geschmack gekommen und möchte die Gerichte oder die natürliche Anwendung im Gesundheitsbereich auch zu Hause ausprobieren. Doch meistens scheitert es daran, dass man die Pflanzen nicht kennt und nicht weiß, wo man sie in Europa kaufen kann.

Herkunft und Heimat

Die größte Gruppe stellen Kräuter, Gemüse- und Gewürzpflanzen aus den asiatischen Ländern dar (ab Seite 24). Wasabi, Zitronengras oder Blatt-Koriander sind uns aus thailändischen Restaurants bekannt und inzwischen auch auf vielen Märkten und in gut sortierten Lebensmittelgeschäften erhältlich. Nicht zu vergessen Kräuter, deren Verwendung in der Traditionellen Chinesischen Medizin (TCM) beschrieben wird.

Unter den Pflanzen aus Nord-, Mittel- und Südamerika sind besonders viele indianische Heilpflanzen, zum Beispiel die Amerikanische Narde, anzutreffen.

Afrikanische Pflanzen wie Kap-Pelargonie oder Aloe begegnen uns oft in Kosmetik und Naturheilkunde (ab Seite 144). In ihren Herkunftsländern gelten viele von ihnen seit langem als heilige Pflanzen.

Aber auch die Verwendung von Blättern australischer oder tasmanischer Gehölze wird immer beliebter (ab Seite 162).

Exotische Kräuter zu Hause pflegen

Die Küche kennt wohl die zubereiteten Gewürze und Tees in getrockneter Form, allen voran Pfeffer, Koriander und Kreuzkümmel,

Neben den Früchten werden in vielen Ländern auch die frischen Blätter des Piment-Baumes verwendet. Ätherische Öle und Gerbstoffe wirken geschmacksverbessernd und verdauungsfördernd.

aber um wirklich ein exotisches Flair zu bekommen, brauchen Sie frische Pflanzen, die auch unter mitteleuropäischen Verhältnissen wachsen.

Tropische Kräuter und Heilpflanzen bieten den Vorteil, dass sie keine Winterruhe einlegen und so das ganze Jahr im Topf im Haus zu ernten sind. Diejenigen, die eine Ruhephase einlegen – beispielsweise Ingwer oder Curcuma im Herbst – können Sie in dieser Zeit ernten, um im Frühjahr die übrig gebliebenen Knollen wieder neu bzw. weiterzukultivieren.

Aber auch im Kübel auf Balkon und Terrasse, gemeinsam mit Sommerblumen oder Beet- und Balkonpflanzen, können die meisten der exotischen Kräuter den Sommer über draußen gepflegt werden. Viele von ihnen, zum Beispiel dekorative Salbei- oder Basilikum-Sorten wirken durch ihr auffälliges Laub oder ihre attraktiven Blüten.

Meine gesammelten Erfahrungen aus drei Jahrzehnten finden Sie in den Porträts der einzelnen Pflanzen.

Besonders pflegeleichte Exoten

Deutscher Name	Botanischer Name	Verwendung	Porträt
Aloe	*Aloe ferox*	Heilpflanze	S. 147
Ananas-Salbei	*Salvia rutilans*	Küchen- und Teepflanze	S. 136
Anis-Tagetes	*Tagetes lucida*	Heil-, Küchen- und Teepflanze	S. 139
Chinesischer Rhabarber	*Rheum palmatum*	Heilpflanze	S. 80
Goldbart	*Callisia fragrans*	Heilpflanze	S. 42
Kongolieschen	*Impatiens niamniamensis*	Dekoration	S. 154
Koreanische Minze	*Agastache rugosa*	Heil-, Küchen- und Teepflanze	S. 28
Peru-Portulak	*Anredera cordifolia*	Gemüse	S. 103
Sibirischer Winterportulak	*Montia sibirica*	Gemüse- und Salatpflanze	S. 69
Zitronenverbene	*Aloysia triphylla*	Küchen- und Teepflanze	S. 101

Die wichtigsten asiatischen Küchenkräuter

Deutscher Name	Botanischer Name	Pflanzenteile	Porträt
Japanischer Meerrettich	*Wasabia japonica*	Wurzeln	S. 90
Kardamom	*Elettaria cardamomum*	Blätter, Samen	S. 54
Koriander	*Coriandrum sativum*	Blätter, Samen	S. 47
Mitsuba	*Cryptotaeria japonica*	Blätter, Stängel, Wurzeln	S. 48
Salat-Chrysantheme	*Chrysanthemum coronarium*	Blätter	S. 45
Schwarznessel	*Perilla frutescens*	Blätter, Samen	S. 74
Senfspinat	*Brassica rapa*	Blätter	S. 42
Tulsi	*Ocimum tenuiflorum*	Blätter	S. 73
Vietnamesischer Koriander	*Persicaria odorata*	Blätter	S. 76
Zitronengras	*Cymbopogon citratus*	Blätter	S. 51

Gewürze sind Pflanzenteile, die aromatisch und kostbar schmecken. Getrocknet sind sie lange lagerfähig. Gemahlene Gewürze sollten möglichst frisch verarbeitet werden.

Die richtige Pflege – Fehler vermeiden

Einkauf – auf Qualität achten

Pflanzen, die für den Verzehr gedacht sind, sollten Sie grundsätzlich als Bioware kaufen. Wem nützt es, wenn die Pflanzen schon als „Chemiekeule" erworben werden. Sie sollen ja der Gesundheit und dem Gaumen dienen und keinen Schaden hervorrufen.

Der Preis einer Pflanze stellt noch lange kein Qualitätsmerkmal dar, denn für minderwertige Pflanzen ist nahezu jeder Preis zu hoch. Qualität erkennt man im Wuchs oder im krankheitsfreien Erscheinungsbild der Kräuter. Achten Sie beim Einkauf vor allem darauf, dass Sie Pflanzen ohne Mangelerscheinungen erwerben. Untypische gelbe Blätter weisen auf Wasser- oder Stickstoffmangel hin (bei Biokultur kann es manchmal zu kurzfristigen Mangelerscheinungen kommen). Bei Phosphormangel verfärben sich die Blätter leicht lila, was fast nur bei wärmeliebenden Pflanzen vorkommt.

Achten Sie auf einen gut durchwurzelten Topf und weißliche Wurzeln, die sich in der Wachstumszeit immer neu bilden. Fragen Sie nach, ob es sich um eine ein- oder zweijährige oder eine mehrjährige Pflanze handelt, hier können Sie sich manchen Ärger sparen. Zudem sind Pflanzen aus sortenechten Stecklingsvermehrungen den Samenvermehrungen vorziehen. Sie bringen hochwertige Kräuter mit den Eigenschaften und Vorteilen sortenechter Pflanzen hervor.

Es gibt eine amtliche Richtlinie des Innenministeriums, die besagt, dass Gewürze und Kräuter Pflanzenteile sind, die wegen ihres Gehaltes an natürlichen Inhaltsstoffen als geschmack- und geruchgebende Zutaten zu Lebensmitteln bestimmt sind. Als Kräuter sieht das Amt frische oder getrocknete Blätter, Blüten, Sprosse und Knollen an.

Einkaufstipps auf einen Blick
- Grüne, gesunde, kräftige Blätter
- Gut durchwurzelter Ballen mit weißlichen Wurzeln
- Gerader, gleichmäßiger Wuchs
- Keine Schädlinge, v. a. Blattunterseiten und Wurzeln kontrollieren

---

Standortwahl

In der Regel verlangen exotische Kräuter nach hellen Standorten, denn hier können sie dank der Kraft der Sonne durch Fotosynthese ihre wertvollen Inhaltsstoffe bilden. Nur wenige wie Brahmi, Indischer Wassernabel, Goldbart oder Sibirischer Winterportulak kommen auch mit halbschattigen oder schattigen Standorten zurecht.

Werden die Pflanzen im Haus gehalten, ist ein heller Fensterplatz erforderlich, zum Beispiel an einem Ost- oder Westfenster. So können Sie das ganze Jahr das Flair exotischer Kräuter wie Anisverbene oder Ananas-Salbei genießen. Wintergärten oder Gewächshäuser sind für die Kultur exotischer Kräuter ebenfalls geeignet. Die meisten Exoten fühlen sich in einem ausreichend großen Kübel wohl, auf Balkon und Terrasse oder im Garten. Sollen die Kräuter in der Küche verwendet werden, bietet sich ein Platz in Hausnähe an. Vermeiden Sie grundsätzlich sehr zugige Standorte oder solche mit stehender Luft. Hier ist verstärkt mit Krankheiten zu rechnen.

Manche Pflanzen benötigen von Natur aus eine saisonelle Ruhepause – nach Herkunft der

Bei einigen Versandgärtnereien können exotische Kräuter und Heilpflanzen bestellt werden.

Viele exotische Kräuter bevorzugen warme, sonnige Standorte, z. B. unter Glas.

Der richtige Standort ist Voraussetzung dafür, dass die Kräuter gut gedeihen.

Pflanze kann diese Phase in unsere Herbst-/ Winter- oder auch in unsere Sommerzeit fallen. In dieser Zeit sollte man die Pflanzen in Ruhe lassen und nur selten gießen.

Bei der Wahl der Erde können Sie auf normale Gartenerde zurückgreifen. Achten Sie darauf, dass sie durchlässig ist, um schädigende Staunässe zu vermeiden. Die Erde kann auch eine grobe Struktur aufweisen. In verdichtetem und schwerem Boden kommt es häufig zum Absterben der Pflanzen. Vor der Pflanzung sollten Sie die schweren Böden daher auflockern und Sand oder Kies untermischen. Wollen Sie die Kräuter in Töpfe pflanzen, füllen Sie als Dränage zuunterst eine Schicht aus Tonscherben oder grobem Kies ein, um den Wasserabzug zu gewährleisten.

Wasser

Gießen Sie exotische Kräuter von Frühling bis Herbst regelmäßig, im Winter nur wenig. Abgestandenes, temperiertes Regenwasser ist besonders gut geeignet. Vermeiden Sie unbedingt Staunässe! In der Natur kommt kein Wasser von unten, es regnet nur von oben. Töpfe und Kübel benötigen daher unbedingt Wasserabzugslöcher. Ist der Wasserabzug nicht optimal gewährleistet, kommt es nach häufigem Gießen und kräftigen Regenschauern zu Stau-

nässe. Kontrollieren Sie nach dem Gießen auch den Untersetzer, dort sollte sich nicht für längere Zeit Wasser ansammeln. Wenn der Topf zu nass steht, werden die Pflanzen nicht mit genügend Sauerstoff versorgt, was zu einem frühzeitigen Absterben der Wurzeln oder der Bildung von Fäulnisbakterien führen kann. Daher ist immer auf eine genügende Durchlüftung des Topfes zu achten.

Haben Sie Ihre Pflanzen zu wenig gegossen, so verfärben sich die Blätter gelb und welken.

Um Staunässe zu vermeiden, entfernt man nach dem Gießen das Wasser, das sich im Untersetzer gesammelt hat.

Exotische Pflanzen, die im Freien überwintern können, beispielsweise Mönchspfeffer, sind im Frühjahr der Gefahr von Spätfrösten ausgesetzt. Zugige Standorte sollten Sie vermeiden.

Nährstoffe

Düngermangel: Bei Mangelernährung reagieren die Pflanzen mit Kümmerwuchs oder untypischer Wuchsweise, aufgehellten Blättern oder Blattabwurf. Stickstoffmangel führt zu Gelbfärbung der Blätter, lila verfärbte Blätter können einen Phosphormangel zur Ursache haben.

Es genügt, die exotischen Kräuter ein- oder zweimal im Jahr, im Frühsommer und Sommer, zu düngen, keinesfalls noch im Herbst. Je mehr Blattmasse sich bilden soll, desto mehr Nährstoffe werden benötigt. Meist reicht eine frühzeitige Kompostgabe als Düngung völlig aus. Im Winter nicht düngen!

Überdüngung: Wenn im Sommer witterungsbedingt sehr schnell viel Dünger auf einmal abgebaut wird, kommt es kurzfristig zu einem Nährstoffüberangebot und damit zu einer Überdüngung. Sind Pflanzen im Topf geschädigt, so hängen die Blätter trotz ausreichender Bodenfeuchte schlaff herab. Entfernen Sie die geschädigten Wurzeln und tauschen Sie die Erde aus – die einzige Chance, die Pflanze zu retten.

Winterpflege und Überwinterung

Man sollte sich immer fragen, wo die Pflanzen in der Natur vorkommen und sich wohlfühlen. Als Beispiel: In Australien hält ein Eukalyptus einige Minusgrade aus, in unseren Breiten kann diese Pflanze aber schon bei einigen Frostgraden das Zeitliche segnen. Die Abhärtung ist ganz besonders wichtig. Lassen Sie die Pflanzen im Herbst so lange wie möglich im Freien stehen. Nach einer anschließenden hellen, kühlen, aber frostfreien Überwinterung (kein Frost!), wird die Pflanze darauf vorbereitet, Spätfröste im Frühjahr draußen zu überstehen.

Winterschutz: Auch im Winter wollen frostempfindliche und wärmeliebende Kräuter an einem hellen Standort stehen. Pflanzen, die nur einen leichten Winterschutz benötigen, werden mit einer mehr und weniger dicken Laubschicht abgedeckt. Verwenden Sie keine luftdichten Materialien; bei Sauerstoffmangel ersticken oder verfaulen die Pflanzen. Bei vielen Exoten können Sie auch während der Wintermonate nach Bedarf ernten. Die Töpfe winterharter Kübelpflanzen können Sie auf Styroporplatten stellen und mit Jutesäcken umwickeln, das schützt die Gefäße vor dem Durchfrieren. Immergrüne werden an warmen Wintertagen gegossen, um Frosttrockenheit zu verhindern.

Winterquartier: Sind im Herbst die ersten Fröste angekündigt, ist es ratsam, die Pflanzen über Nacht mit einem Winterschutz zu versehen. Spätestens ab November, in kalten Gegenden oder bei Nachtfrostgefahr auch eher, werden frostempfindliche Exoten in ein helles, frostfreies Überwinterungsquartier geräumt. Beim Einräumen der Pflanzen ist auf Wurzelläuse und Schneckeneier im oberen Erdballen zu achten (weißlich durchsichtige, 2 bis 3 mm große, runde Eier). Sofort entfernen! Bei Überwinterung frostempfindlicher Kübelpflanzen dürfen Erde und Wurzeln auch im Winterquartier nie ganz austrocknen. Gießen Sie wenig, nur nach Bedarf. Ein Zuviel an Wasser ist noch nachteiliger als eine Austrocknung und kann zum Absterben der Pflanze führen. Kontrollieren Sie die Pflanzen den Winter über regelmäßig auf Schädlinge und Krankheiten.

Ab Ende Januar treten vermehrt Schildläuse auf und ab Februar Blattläuse und Spinnmilben. Abgefallene und vergammelte Blätter werden gesammelt und entfernt, um Krankheiten und Pilzen vorzubeugen. Wird das Winterquartier bei milder Witterung hin- und wieder durchgelüftet, so kräftigt dies die Pflanzen und macht sie widerstandsfähiger.

Nach dem Winter werden die Exoten in Form geschnitten, bei Bedarf umgetopft und langsam an ihren Sommerstandort gewöhnt. Denn im Frühjahr, wenn die Gedanken der Gärtner schon beim Frühling sind, der Winter aber noch nicht weichen will, kommt es bei frostempfindlichen Pflanzen zu großen Schäden. Zur Abhärtung der Pflanzen stellen Sie diese tagsüber am besten an einen hellen Platz im Freien, nachts werden die Exoten nochmals ins Winterquartier geräumt oder mit einem geeigneten Abdeckungsmaterial geschützt. Bei immergrünen Pflanzen kann es im Frühling oder Frühsommer bei zu starker Sonneneinstrahlung zu einem Sonnenbrand an den Blättern kommen, auch nicht durchwurzelte Kräuter können geschädigt werden.

Erfolgreiches Überwintern im Haus gelingt nur bei ausreichendem Licht und mäßigen Wassergaben.

Schädlinge und Krankheiten

Um Krankheiten, Schädlinge oder andere Probleme zu vermeiden, ist Vorbeugung die beste Methode. Da die meisten Kräuter für den menschlichen Verzehr gepflegt werden, dürfen keine chemischen Pflanzenschutzmittel verwendet werden! Beachten Sie die speziellen Pflegeangaben bei den Pflanzenporträts (ab Seite 24) und halten Sie einen ausreichend großen Pflanzenabstand ein, damit die Pflanzen bei Regen und schlechtem Wetter schnell abtrocknen. Eine regelmäßige Kontrolle der Pflanzen macht es möglich, Schädlinge und Krankheiten frühzeitig zu erkennen und die betroffenen Blätter und Triebe zu entfernen. Notfalls kann es auch nötig sein, eine ganze Pflanze zu entsorgen, um andere nicht zu gefährden.

Wollläuse
Diese eher flachen und breiten Läuse, die an kleine Asseln erinnern, sind weißlich bemehlt oder mit schmierigen Wachsanhängen versehen. Sie werden deshalb auch als Schmierläuse bezeichnet. Sie saugen meist an Blattadern auf Blattunterseiten und an Stängeln. Da sich Wollläuse in Blattachseln verkriechen können, zählen sie zu den hartnäckigsten Schädlingen. Sie vermehren sich sehr schnell über den gesamten Pflanzenbestand und erfordern rasches Handeln: Man kann die Kräuter mit einer halb mit Bier und halb mit Wasser verdünnten Flüssigkeit einsprühen und die hartnäckigsten Stellen mit einer Zahnbürste, die immer wieder mit dem Bier-Wasser-Gemisch getränkt wird, behandeln.

Blattläuse
Eingerollte Blätter und Knospen sowie verkrüppelte Triebspitzen und Honigtau (zuckerhaltige

Wollläuse saugen meist an Blattunterseiten und Stängeln. Sie treten vermehrt an ungünstigen Standorten auf und sollten möglichst im Frühstadium bekämpft werden, da sie sich rasch ausbreiten.

Schwarze Blattläuse sind an vielen krautigen Pflanzen anzutreffen.

zen auf und scheiden wie Blattläuse Honigtau aus, der Ameisen anlockt. Der sogenannte Schild ist mit dem Körper der Läuse verwachsen. Jungtiere sind sehr beweglich und wandern auf benachbarte Pflanzen, erwachsene Tiere bleiben meist an der Einstichstelle sitzen. Sprühen Sie die befallenen Blätter mit Salat- oder Olivenöl ein, das vorher mit Wasser verdünnt wurde ($^1/_3$ Öl, $^2/_3$ Wasser). Mehrmals wiederholen!

Ausscheidungen der Läuse) deuten meist auf einen Befall mit Blattläusen hin. Blattläuse können ein unterschiedliches Aussehen haben – meistens sind sie grün, es gibt aber auch gelbliche, grünrötliche oder schwarze Arten. Neben der Bekämpfung mit umweltfreundlichen Ölpräparaten und dem Rückschnitt der befallenen Pflanzenteile hilft es auch, Zugluft zu vermeiden.

Schildläuse
Bei Schildläusen handelt es sich um braune Näpfe oder Deckelchen mit darunter sitzenden Läusen. Sie treten bevorzugt an Stängeln, Blattober- und unterseiten verholzender Pflan-

Wurzelläuse
Wurzelläuse sind meist an vergilbenden und älteren Topfpflanzen mit Kümmerwuchs zu finden. Die Läuse sitzen an den Wurzeln und sind mit einer grauweißen Wachsschicht umgeben. An sukkulenten, dickfleischigen oder sehr trocken gehaltenen Topfpflanzen oder auch Kräutern, die in zu trockenen Räumen stehen, treten Wurzelläuse oft noch häufiger auf.
Als Bekämpfungsmaßnahme werden die Wurzelballen, nachdem die Läuse grob entfernt wurden, einige Minuten in lauwarmes Wasser getaucht. Eine gründliche Reinigung des Topfes ist ebenfalls nötig. Zur Vorbeugung streuen Sie auf die inneren Topfränder Steinmehl und mischen es zusätzlich unter die Erde.

Spinnmilben
Auf Blattunterseiten und an den Triebspitzen sitzen stecknadelgroße, meist rötlich gefärbte

Schildläuse saugen an Stängeln oder Blättern hartlaubiger Pflanzen, geschützt durch ihr Schild auf dem Rücken.

Spinnmilben vermehren sich besonders an Pflanzen, die windgeschützt, warm und trocken stehen.

Spinnmilben (Rote Spinne). Das Schadbild ergibt gelbe, wie gerasterte Punkte auf der Blattoberseite, später Gespinstbildung an den Triebspitzen und Blattansätzen. Trockenwarme Standorte fördern den Befall.
Eine Erhöhung der Luftfeuchte wirkt vorbeugend. Bei Befall können Sie Kräuter mit leicht verdünnten Ölpräparaten oder Pyrethrum-Präparaten einsprühen.

Weiße Fliege

Weiße Fliegen, auch Mottenschildläuse genannt, saugen an den Blattadern der Blattunterseiten und fliegen beim Berühren der Pflanze auf und davon. An den Saugstellen entstehen grobe, gelbliche Blattflecken und leicht gekräuselte Blätter. Die Jungtiere schlüpfen nach und nach aus den Eiern; bei wärmeren Temperaturen kann alle drei Tage eine neue Generation schlüpfen.
Zur Bekämpfung sind Gelbtafeln oder Präparate aus dem Fachhandel geeignet. Sind kleinere Bestände betroffen, hat sich bei uns eine einfache Methode bewährt: Kartoffeln mit dem

Weiße Fliegen saugen den Pflanzensaft der Blätter und sondern ein zuckerhaltiges Sekret ab, auf dem sich Schwärzepilze bilden.

Gurkenschäler dünn aufschneiden und auf die Erde der befallenen Pflanzen legen. Die Weißen Fliegen kriechen unter die eiweißhaltigen Kartoffelscheiben und saugen sich dort fest. Sammeln Sie nun jeden Morgen die Kartoffelscheiben ein, entsorgen Sie sie über den Hausmüll und legen Sie neue aus, bis keine Weißen Fliegen mehr zu sehen sind.

Mit ihren rauen Zungen raspeln Schnecken das Pflanzengewebe ab. Schon ein Tier kann erheblichen Schaden verursachen.

Mit einem weißen, mehlartigen Pilzbelag überzogene Blätter rollen sich spärer ein und vergilben. Hohe Luftfeuchtigkeit begünstigt den Befall mit Echtem Mehltau.

Schnecken

Besonders Nacktschnecken machen ausgepflanzten Exoten sehr zu schaffen. Ihre Fraß- und Saugschäden können die Pflanze erheblich beeinträchtigen. Schnecken bekämpft man am sichersten, indem man sie absammelt. Schneckenzäune leisten ebenfalls gute Dienste.

Rostpilze

Rostpilze bilden auf der Blattoberseite orangegelbe, rostrote oder bis ins Braunschwarze reichende Flecken. Mitunter treten an der Blattunterseite gelborangefarbene Pusteln auf. Befall und Verbreitung erfolgen durch Sporenflug. Warme, sauerstoffarme Standorte fördern die Pilzentwicklung.
Schneiden Sie die kranken Pflanzen stark zurück oder sprühen Sie sie mit einem Blattpilzmittel (Fachhandel) ein. Zur Vorbeugung können Sie Zinnkraut (Acker-Schachtelhalm) einen Tag lang in kaltem Wasser ansetzen und die Pflanzen mit der Brühe besprühen. Alternativ

eignet sich auch normale, fetthaltige Milch mit etwas Wasser verdünnt.

Welkepilze

Scheinen Blätter und Stiele von Topfpflanzen ohne erkennbaren Grund abzusterben, sind meist Bodenpilze Schuld, die über die Wurzeln in die grünen Stengel einwandern und die Leitungsbahnen verstopfen. Ein Absterben der gesamten Pflanze ist die Folge. Boden- oder Staunässe fördern den Befall.

Echter Mehltau

Der Echte Mehltau tritt vor allem bei sonnigem und trockenem Wetter auf. Er ist dank des weißen, mehlartigen „Pilzrasens" auf den Blattoberseiten leicht erkennbar. Später bekommen die Blätter dunkle Flecken und trocknen ein. Entfernen Sie die befallenen Triebe und Blätter frühzeitig und sorgen Sie für einen luftigen Standort mit ausreichend Abstand zu den Nachbarpflanzen.

Vermehrung

Nehmen Sie Stecklinge nur von gesunden, wüchsigen Pflanzen.

Aussaat
Die Vermehrung über Samen ist die schnellste und kostengünstigste Art, Pflanzen zu vermehren. Nur wenige Exoten werden bei uns allerdings über Samen vermehrt.

Stecklingsvermehrung
Der größte Teil der exotischen Kräuter ist vegetativ, also über Stecklinge zu vermehren. So erhält man sortenreine, robuste und langlebige Pflanzen. Als Stecklinge bezeichnet man Abschnitte von ganz jungen, krautigen Pflanzentrieben, die zur Vermehrung genutzt werden. Ihre Basis kann schon etwas fester sein. Wird die Triebspitze gesteckt, spricht man von einem Kopfsteckling, aus den Bereichen unterhalb der Triebspitze entstehen Teilstecklinge. Sie können auch Ende Januar als Wintersteckling mit verholzten Trieben gesteckt werden, sofern sie warm stehen. Stecklinge wurzeln nur bei einer Temperatur ab 15 °C. Der beste Zeitpunkt für die Vermehrung exotischer Kräuter ist von Mai bis Juni und von September bis Oktober.
Schneiden Sie einen reifen, drei bis acht Zentimeter langen Trieb ab und entblättern Sie das untere Drittel. Dabei sollten drei bis fünf Blattpaare am Steckling verbleiben. Hat der Steckling große Blätter, werden diese um die Hälfte eingekürzt. Anschließend das Stielende schräg abschneiden und den Steckling in ungedüngte Erde stecken. Stellen Sie die Gefäße hell, aber nicht in die direkte Sonne, und sorgen Sie für ausreichend Wärme und Luftfeuchtigkeit. Bei manchen Stecklingen bilden sich nach vier Wochen kleine Wurzeln, bei den exotischen Kräutern gibt es jedoch Arten und Sorten, die erst nach sechs Monaten wurzeln. Geduld zahlt sich auch hier aus.

Teilung
Bei krautigen Pflanzen kann man eine Teilung des Wurzelstocks oder des Rhizoms (z. B. bei Ingwer) vornehmen. Dazu werden sie aus dem Topf genommen oder ausgegraben. Nach der Teilung der Wurzeln oder des Wurzelstocks werden die Pflanzenteile neu eingepflanzt.

Für die Aussaat und Anzucht exotischer Kräuter ist keimfreie und ungedüngte Erde zu empfehlen.

Ernte und Konservierung

Richtig ernten – wann und wie?

Für Küche oder Hausapotheke können viele exotische Kräuter in der gesamten Vegetationsperiode frisch verwendet werden. Je nachdem, welche Pflanzenteile zu ernten sind, ist der richtige Erntezeitpunkt zu wählen. Kräuter, die ätherische Öle enthalten, z. B. *Lippia*-Arten, werden vor der Blüte geerntet. Dann ist der Gehalt an ätherischen Ölen am höchsten.

Ab Mai können die ersten **Blattkräuter** geerntet werden. Die Blätter werden am besten morgens und vor der Blüte nach Bedarf oder zum Trocknen geschnitten. Auch wenn nur die Blätter verwendet werden, sollte der ganze Trieb zurückgeschnitten werden. So können die Kräuter wieder gut austreiben. Erntegut kurz überbrausen und vorsichtig mit einem Küchentuch trocken tupfen.

Bei den **Blütenkräutern** befinden sich die Wirkstoffe in den Blüten. Man erntet diese Kräuter zu Beginn der Blütezeit, sobald sich ihre Blüten voll entwickelt haben – am besten

Der beste Erntezeitpunkt ist am Morgen oder am Abend. Die Kräuter sollten trocken sein.

Kräuter und Gewürze möglichst frisch verwenden und an einem trockenen, dunklen Ort aufbewahren.

Konservierungsmethoden exotischer Kräuter

Deutscher Name	Botanischer Name	Pflanzenteil	Konservierungsmethode
Amerikanische Narde	*Aralia racemosa*	Wurzel	Trocknen
Apamarga	*Achyranthes aspera*	Blätter	Trocknen
Australischer Minzestrauch	*Prostanthera rotundifolia*	Blüten, Blätter	Trocknen
Boldo	*Peumus boldus*	Blätter	Trocknen
Glockenwinde	*Codonopsis pilosula*	Wurzel	Trocknen, Einlegen in Alkohol
Goji Beere	*Lycium barbarum*	Beere	Trocknen, Einlegen in Alkohol
Rotwurzel-Salbei	*Salvia miltiorrhiza*	Wurzel	Trocknen, Einlegen in Alkohol
Thai-Ingwer	*Alpinia galanga*	Wurzel	Trocknen
Zimmerknoblauch	*Tulbaghia violacea*	Blätter	Einlegen in Öl
Zitronengras	*Cymbopogon citratus*	Halme	Trocknen, Einfrieren
Zitronenverbene	*Aloysia triphylla*	Blätter	Trocknen, Einlegen in Essig und Öl

in den Mittagsstunden. Legen Sie die Blüten zum Trocknen auf Roste oder Gitter und lassen Sie sie an einem schattigen und gut durchlüfteten Ort gut durchtrocknen.

Samenkräuter können im Spätsommer geerntet werden, sobald sich der Samen aus den Blütenständen mit den Fingern leicht lösen lässt. Schneiden Sie dann alle Blüten zurück und stülpen eine kleine Tüte darüber. Durch leichtes Schütteln fallen die Samen ganz leicht

Kräuter trocknen am besten an einem schattigen Ort.

heraus. Zum Aufbewahren geben Sie die Samen am besten in ein sauberes Glas oder in luftdurchlässige Stoffsäckchen.

Wurzelkräuter sollten erst im Herbst geerntet werden, wenn sich der oberirdische Pflanzenteil gelb gefärbt hat oder abgestorben ist. Die Wurzeln werden in der Ruheperiode mit einer Grabegabel ausgehoben, behutsam gesäubert und getrocknet. Für eine Trocknung im Backofen schneidet man große Wurzelstücke klein und legt sie locker nebeneinander auf ein Backblech. Nach zehn Minuten bei etwa 180 °C sind die Wurzeln weitestgehend getrocknet.

Konservierung

In der Vegetationsperiode können Kräuter frisch aus Beeten und Töpfen geerntet und gleich weiterverarbeitet werden. Im Winter ist man bei vielen Kräutern auf Getrocknetes angewiesen. Das Trocknen ist die älteste und einfachste Konservierungsmethode. Hierbei wird alles Wasser aus den Pflanzenzellen entfernt, die Kräuter werden dadurch haltbar gemacht. Frisch geerntete Triebe werden zu Sträußen zusammengebunden und kopfüber an einem schattigen, warmen und trockenen Ort aufgehängt. Sobald die Blätter brüchig werden und leicht zwischen den Fingern zerbröseln, können sie abgestreift und lichtgeschützt sowie trocken aufbewahrt werden.

Exotische Kräuterküche

Als getrocknete Kräuter oder in Gewürzmischungen sind uns exotische Kräuter bekannt. Wie Basilikum oder Thymian auch, sind frisch geerntete Exoten aromatischer als die getrockneten Mischungen. Viele von ihnen sind unkomplizierte Gäste in unseren Gärten und auf den Fensterbänken. Da sie in der Regel nicht frosthart sind, ist es am einfachsten, sie in Töpfen und Kübeln zu halten.

Zitronig

Wer es zitronig mag und Tees oder Süßspeisen ein frisch-fruchtiges Aroma geben möchte, kommt an der Zitronenverbene nicht vorbei. Ein mildes, weiches Zitronenaroma für Tees, Desserts, Salate, Saucen, Fisch und Geflügel liefern die Blätter und Blüten des Lemonysop, einer mexikanischen Agastache. In der Türkei ein beliebtes Gewürz mit frischer, zitroniger Note ist der aus Asien stammende Türkische Drachenkopf. Dank ihrer blauvioletten Blüten ist die pflegeleichte, einjährige Pflanze auch eine attraktive Zierpflanze und Bienenweide. Frisches Zitronenaroma für asiatische Gerichte liefert das Westindische Zitronengras.

Fruchtig

Für fruchtige, süße Tees und Desserts holt man sich am besten ein paar Töpfe verschiedener Salvien auf die Terrasse, z. B. Honigmelonen- oder Ananas-Salbei. Der mehrjährige Guaven-Salbei mit seinen leuchtend roten Blüten hat klebrige Blätter mit einem starken Guaven-aroma, die sich als Küchengewürz eignen.

Ein Teekraut von den Bahamas, das sich immer größerer Beliebtheit erfreut, ist Moujean Tee. Die Blättchen duften intensiv nach Bergamotte, mit einem Hauch von Zitrus, Vanille und Ananas. Der Tee schmeckt wie eine fruchtige Version des bekannten „Earl Grey". Die nötige Süße liefert das südamerikanische Süßkraut – ein idealer, kalorienarmer Zuckerersatz!

Minzig

Minze-Aromen finden sich nicht nur unter den *Mentha*-Arten. Die Blätter und dunkelrosa Blüten der Koreanischen Minze aromatisieren Tees, Fleischgerichte und Salate. Die mehrjährige Amerikanische Bergminze diente Indianern als Stärkungsmittel. Die aromatischen Blätter und Blüten geben pikanten Gerichten eine Minze-Note und bringen die Verdauung in Schwung. Minzetee-Fans sind auch mit den Australischen und Tasmanischen Minzesträuchern gut beraten. Die rundlichen, immergrünen Blätter und die weißen oder lilapurpurfarbenen Blüten haben ein erfrischendes, herbes Minze-Aroma. Blätter und Triebspitzen der Indianischen Minze passen besonders gut zu Cocktails z. B. Mojitos, würzen aber auch Fleisch und Hülsenfrüchte.

Würzig

Unverzichtbar in der asiatischen und indischen Küche ist der aromatische Koriander. In China wird jedem Salat ein Blatt frischer Koriander beigegeben, auch in Kartoffel- und Reisgerichten fehlt er nicht. Koriander-Fans sind sicher auch von dem lateinamerikanischen Quillquina mit seinem Aroma, das an Rauke, Koriander und Gewürztagetes erinnert, begeistert. Schwarznessel, auch als Shiso bekannt, würzt Sushi, Frühlingsrollen, Nudel- und Bohnengerichte. Die Blätter werden oft eingelegt verwendet. Als hervorragendes Lammgewürz ist Arabisches Bergkraut zu empfehlen, in Nordafrika wird damit auch das als Nationalspeise bekannte Couscous gewürzt. An Sellerie erinnern die Blätter und Wurzeln der Mitsuba. Ihre frischen Blätter würzen Salate oder Suppen,

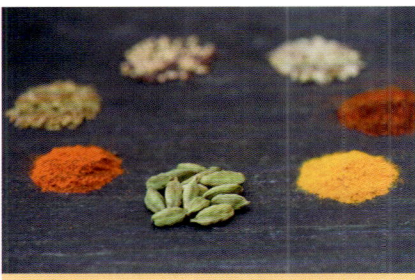

Bunt und würzig – zu Pulver gemahlene Exoten

Von Koriander können die Samen und das frische Grün verwendet werden.

Heilkräuter aus aller Welt

In allen Kulturen der Welt wird seit jeher die Kraft der Heilpflanzen genutzt, um Schmerzen zu lindern und Krankheiten zu heilen.

Asien

Seit vielen Jahren in Form von Minzöl bekannt ist die Japanische Minze. Es wirkt antibakteriell, verdauungsfördernd und krampflösend. Zu seinen Einsatzgebieten zählen Erkältungen, Halsentzündungen und Kopfschmerzen. In letzter Zeit bei uns als Wellness-Beere gefragt ist die Goji Beere. Sie hilft u. a. bei Bluthochdruck, hohem Cholesterinspiegel, Impotenz und Wechseljahresbeschwerden. Ebenso liegt das sogenannte Unsterblichkeitskraut Jiao gu lan im Trend – es ist in der Traditionellen Chinesischen Medizin (TCM) dafür bekannt, das Immunsystem zu kräftigen und den Cholesterinspiegel zu senken. TCM wird seit etwas 500 Jahren praktiziert. Sie kombiniert Methoden wie Akupunktur, Massage und Moxibustion mit der Verwendung von pflanzlichen, tierischen und mineralischen Arzneimitteln. Zu den chinesischen Heilkräutern zählt z. B. die Glockenwinde, ein Ginseng-Ersatz, oder die Sigesbeckie, deren entgiftende und fiebersenkende Eigenschaften bei rheumatischen Beschwerden, Hepatitis und Malaria Verwendung finden. Mukuna-Wenna ist eine alte Arzneipflanze in der traditionellen indischen Heilkunst, Ayurveda, und der arabischen Unani-Medizin, die bei Nieren- und Blasenentzündungen sowie Leber-, Magen- und Darmproblemen genutzt wird. Das schmerzstillende und desinfizierende Ostindische Baumbasilikum ist ebenfalls unentbehrlich in der Ayurveda-Medizin. Ayurveda setzt sich aus „ayus", Leben, und „vid", Wissen, zusammen: Wissenschaft vom Leben. Sie beinhaltet die Geheimnisse von Krankheit und Gesundheit und detaillierte Abhandlungen über das Heilen mit Mantras, Kräutern und Heiltränken. In der ayurvedischen Medizin muss jeder Mensch individuell behandelt werden.

die Wurzeln werden als Gemüse zubereitet. Dominikanischer Oregano, ein unverzichtbares Kraut in der karibischen Küche, kann als Oregano-Ersatz verwendet werden.

Scharf

Ingwer ist eine der ältesten verwendeten Gewürzpflanzen aus Asien. Schon im alten Rom wurde er zu jeder Speise gereicht. Im Westen ist Ingwer vor allem für Gebäck und Süßspeisen beliebt, im Osten für Fleisch- und Fischgerichte. In Asien glaubte man lange Zeit, dass Ingwer Tiger fernhalte. Wir haben bei uns zu Hause im Bayerischen Wald immer frischen Ingwer in der Küche und seit Jahren keinen Tiger mehr gesehen!
Neben Ingwer sicher inzwischen eines der bekanntesten asiatischen, scharf-wärmenden Gewürze ist der Japanische Meerrettich, Wasabi, dessen Kultur allerdings bei uns schwierig ist. Für seinen charakteristischen, scharf prickelnden Geschmack, der ein Gefühl von Taubheit auf Lippen und Zunge bewirkt, ist der Japanischer Pfeffer bekannt. Seine frischen Blätter, die gemahlene Rinde oder die Früchte würzen Suppen, Fleisch- und Fischgerichte. Japanischer Wasserpfeffer hat außer der beißend-prickelnden Schärfe keinen Eigengeschmack. Die Samen sind noch schärfer als die dekorativen Blätter und werden wie Pfeffer verwendet. Seine Blätter und Samen würzen in Japan Sushi, Fisch, Suppen und Wok-Gerichte.

Bewahren Sie die Samenstände, Blätter und Wurzeln von Teekräutern nicht länger als ein Jahr auf. Das Aroma lässt im Lauf der Zeit nach.

Amerika

Die Indianer schenkten ihr Augenmerk dem ganzen Heilen, also dem Leben mit all seinen Erscheinungsformen und Zusammenhängen. Der Medizinmann bringt aus der Balance geratene Harmonien wieder ins Gleichgewicht. Hier spielen die Heilpflanzen eine große Rolle. Ein einzelner Mensch kann in sich alleine nicht harmonisch und gesund leben, wenn er nicht auch in Harmonie mit seinen Mitmenschen und in Harmonie mit der Natur lebt. Nach indianischer Lebensauffassung sind Mensch und Natur untrennbar miteinander verbunden. Licht, Luft, Tiere und Pflanzen geben dem Menschen, was er zum Leben braucht, und halten Körper, Geist und Seele im Gleichgewicht. Eine der inzwischen auch bei uns bekannten südamerikanischen Heilpflanzen ist Maca, Peruanischer Ginseng. Die getrocknete Knolle stärkt die geistige und körperliche Leistungsfähigkeit, wirkt blutdrucksenkend, potenz- und lustfördernd.

Afrika

Die afrikanischen Schamanen wussten die Kraft der Heilpflanzen für Rituale und als Medizin einzusetzen. Das Zulu-Volk nutzt die Blätter und Stängel des Ibozastrauchs bei Brust-

und Magenschmerzen und vorbeugend gegen Malaria. Der Katzenschwanz ist in seiner afrikanischen Heimat als „Erste-Hilfe-Pflanze" bei kleinen Verletzungen wie Verbrennungen, Insektenstichen, Ekzemen und Hautausschlägen bekannt. Neue Forschungen haben eine gute Wirkung bei Malaria festgestellt. Nicht zu vergessen die auch bei uns erhältliche Tinktur aus der Kap-Pelargonie. Sie bringt das Immunsystem auf Trab und hilft bei Infektionen der Atemwege.

Kräutertees

Viele exotische Kräuter wie Tulsi, Tasmanischer Minzestrauch oder Chinesischer Gewürzstrauch eignen sich gut für Tees. Probieren Sie selbst eigene Mischungen aus. Hacken Sie frische oder getrocknete Kräuter grob durch. Zwei bis drei Teelöffel der frischen Pflanzenteile werden mit einer Tasse kochend heißem Wasser überbrüht. Bei getrockneten Kräutern ist ein Teelöffel Kraut ausreichend. Früchte, z. B. von der Goji-Beere, werden kurz vorher mit einem Stößel angestoßen, um die größtmögliche Wirkung zu erzielen. Fünf bis zehn Minuten abgedeckt ziehen lassen, dann abseihen und genießen.

Asiatische Kräuter

Asien ist die Heimat zahlreicher bekann-ter Heilpflanzen, Kräuter und Früchte, die inzwischen weltweit angebaut werden. Die asiatischen Kräuter besitzen heilkräftige Wirkstoffe und Eigenschaften und werden daher nicht nur als Küchenkräuter und Gewürze, sondern auch für medizinische Zwecke verwendet.

In China war man davon überzeugt, dass in jeder Pflanze Kräfte innewohnten, die ent-weder zum Heil oder um Unheil der Mensch-heit gereichten. Man ging davon aus, dass beispielsweise ein herzförmiges Blatt eine Heilwirkung für Herzkrankheiten hat und eine Pflanze mit nierenförmigen Blätter bei Nierensteinen und anderen Nierenkrank-heiten helfen kann.

Die Asiaten haben nie den Blick für den Gesamtaufbau der Natur verloren. Das gilt vor allem für die Stellung und Bedeutung der Heilpflanzen und Kräuter. Sie werden noch heute mit einer gewissenhaften Ehrfurcht behandelt.

Apamarga

Apamarga, Teufels Ochsenziemer
Achyranthes aspera

	Höhe	Erntezeit	pflege-	
	50 bis 200 cm	Januar bis Dezember	leicht	

Aufrecht oder liegend wachsend, mit ovalen Blättern und vierkantigem Stängel.
Herkunft Tropisches bis subtropisches Ostindien; auch in Australien und Afrika bekannt.
Standort Sonnig und warm, kann auch kurze Zeit Schatten vertragen. Keine Staunässe.
Pflege Regelmäßig mit temperiertem Wasser gießen, wenig düngen, mehrmals im Jahr zurückschneiden. Hell und warm überwintern.
Schädlinge Sehr anfällig für Schmierläuse.
Vermehrung Aussaat im Frühjahr, Stecklingsvermehrung von Sommer bis Herbst.
Ernten Wurzeln, Blätter, Blüten ganzjährig.

Gesundheit Blätter und Wurzeln haben schleimlösende, verdauungsfördernde, abführende, entwässernde, blutreinigende, blutstillende, adstringierende und entzündungshemmende Eigenschaften. Die Pflanze stärkt bei allgemeiner Schwäche und lindert Husten, Asthma, Bronchitis, Harnzwang und Juckreiz. Ein Presssaft aus der ganzen Pflanze ist hilfreich bei Hämorrhoiden und Analfisteln. Die Wurzel wird in Afrika zur Schmerzlinderung bei Skorpionsstichen verwendet.
Vorsicht: Nicht während der Schwangerschaft einnehmen!

BLÜTENFARBE

BLÜTEZEIT

Jan	Feb	März	April	Mai	Juni	Juli	Aug	Sept	Okt	Nov	Dez
						Juli	Aug	Sept	Okt		

Ochsenkniewurzel

Ochsenkniewurzel, Niu Xi
Achyranthes bidentata

| | Höhe
30 bis 100 cm | Erntezeit Blätter und Stiele
im Sommer, Wurzeln im Herbst | pflege-
leicht | |

Das mehrjährige Fuchsschwanzgewächs hat vierkantige Stängel mit vergrößerten Knoten (Ochsenknie) und samtige Blätter.
Herkunft Indien, Indonesien und China. In Nordamerika als Kulturpflanze.
Standort Halbschattig oder kurzzeitig sonnig. Bei längerer Sonneneinstrahlung kommt es zu Blattfall. Keine Staunässe!
Pflege Durchlässige Erde, wenig düngen. In kalten Gegenden ist ein Winterschutz ratsam.
Schädlinge Bei starker Sonneneinstrahlung im Winter sehr anfällig für Rote Spinne und Schmierläuse.

Vermehrung Aussaat im Frühjahr, Stecklinge im Sommer (bewurzeln im Wasserglas).
Ernten Blätter und Stängel im Sommer für frische Presssäfte oder Tinkturen, Wurzeln ein- oder zweijähriger Pflanzen im Herbst ernten und trocknen für Absud oder Extrakte.
Gesundheit Das herbe Kraut wirkt verdauungsfördernd, blutdrucksenkend sowie kreislauf-, leber- und nierenanregend. Äußerlich angewendet lindert es Rücken- und Knieschmerzen. Einreibungen mit einer Tinktur lassen blaue Flecken schneller verschwinden. In Indien werden die Samen zur Brotherstellung verwendet.

BLÜTENFARBE

BLÜTEZEIT

| *Jan* | *Feb* | *März* | *April* | *Mai* | *Juni* | *Juli* | *Aug* | *Sept* | *Okt* | *Nov* | *Dez* |

Koreanische Minze 'Liquorice Blue'

Koreanische Minze
Agastache rugosa

	Höhe bis 120 cm	Erntezeit Mai bis Juni	pflege-leicht	

Die mehrjährige, winterharte Koreanische Minze ist schnellwüchsig und bildet verzweigte Stängel. Die dunkelrosafarbenen Blüten wachsen in langen, großen Ähren und sind leicht klebrig. Ihr Aroma ist stark minzig.
Herkunft Ostasien und Korea.
Standort Sonnig. Durchlässige, auch nährstoffreiche, trockene Böden sind geeignet.
Pflege Häufig gießen und düngen. Im Frühjahr wird die Koreanische Minze knapp über dem Boden zurückgeschnitten.
Vermehrung Aussaat im Frühjahr, Wurzelteilung im Herbst.

Ernten Frische Blätter und Blüten vor Blühbeginn, auch zum Trocknen geeignet.
Gesundheit und Küche Die Koreanische Minze ist ein verdauungsförderndes, aromatisches, antibakteriell wirkendes Kraut. Es trägt zur Förderung der Schweißbildung und zur Fiebersenkung bei. Frische oder getrocknete Blätter verleihen Fleischgerichten oder Salaten einen minzeartigen Geschmack und ergeben einen angenehmen Tee.
Weitere Sorte 'Alba' blüht reinweiß. Sie wird ähnlich wie die Art gepflegt. Ihre Eigenschaften sind der Koreanischen Minze ebenfalls ähnlich.

BLÜTENFARBE

BLÜTEZEIT

Jan	Feb	März	April	Mai	Juni	Juli	Aug	Sept	Okt	Nov	Dez
						Juli	Aug	Sept			

Chinesischer Odermennig

Chinesischer Odermennig
Agrimonia pilosa

		Höhe bis 50 cm	Erntezeit Juni bis August	pflege-leicht	

Das mehrfach gefiederte, breite Blatt und der gelbe, kürzere Blütenstiel unterscheiden den Chinesischen Odermennig von den europäischen Arten.

Herkunft Ostasien.

Standort Sonnig bis halbschattig. Lockere, sandige und durchlässige Böden.

Pflege Benötigt wenig Wasser und keinen Dünger.

Schädlinge Raupen, Käfer

Vermehrung Aussaat im Frühjahr, Wurzelteilung im Herbst.

Ernten Kraut vor oder während der Blütezeit.

Gesundheit und Küche Der Chinesische Odermennig ist eine wirksame, chinesische Heilpflanze mit antibakterieller und antiparasitärer Wirkung. Sein Hauptwirkstoff ist Agrimophol. Der Tee aus dem Kraut wird gegen Malaria, Bandwürmer und Ruhr verwendet. Bei inneren Blutungen kann es blutstillend wirken. Um Erkältungen vorzubeugen, kann Odermennigtee getrunken werden. In der chinesischen Volksheilkunde wird ein Tee aus dem Kraut auch zum Gurgeln verwendet. Es schützt die Stimmbänder bei Sängern. Die Blätter helfen als Kompresse gegen Furunkel.

BLÜTENFARBE

BLÜTEZEIT

Jan	Feb	März	April	Mai	Juni	Juli	Aug	Sept	Okt	Nov	Dez

Lauch-Zwiebel

Lauch-Zwiebel
Allium fistulosum

| | Höhe
30 bis 70 cm | Erntezeit
März bis Oktober | pflege-
leicht | |

Lauch-Zwiebeln besitzen eine essbare Blatt-
basis. In milden Wintern können sie bei uns
das ganze Jahr über geerntet werden. Sie sind
mehrjährig und vollkommen winterhart.
Herkunft China, Japan.
Standort Ein sonniger Standort ist optimal.
Lauch-Zwiebeln brauchen wasserdurchlässige
und humusreiche Erde.
Pflege Der Wurzelballen sollte nicht austrocknen. Lauch-Zwiebeln brauchen regelmäßig Dünger.
Vermehrung Teilung des Wurzelstocks nach
der Blüte, Aussaat im zeitigen Frühjahr.

Ernten Es werden nur die röhrenförmigen
Stiele geerntet. Die Stiele wachsen schnell wieder nach.
Gesundheit und Küche Lauch-Zwiebeln wirken antibiotisch, sind gesundheitsfördernd
und cholesterinsenkend. In China werden
Lauch-Zwiebeln als Gemüse verwendet. Die
Basis des Blütenschafts wird blanchiert gegessen. Bei uns werden Lauch-Zwiebeln in der
Küche wie Schnittlauch, zum Beispiel für Salate oder Kräuterquark, verwendet.
Weitere Namen Winter-Zwiebel, Jacobs-
lauch.

BLÜTENFARBE

BLÜTEZEIT

| Jan | Feb | März | April | Mai | Juni | Juli | Aug | Sept | Okt | Nov | Dez |

Chinesischer Lauch

Großblättriger Schnittknoblauch

Chinesischer Lauch
Allium tuberosum

  | Höhe
bis 40 cm | Erntezeit
Mai bis September | pflege-
leicht |

Diese mehrjährige Lauch-Art ist winterhart. Die flachkantigen, halmähnlichen Stiele sind innen nicht hohl. Im Sommer erscheinen die weißen Blüten in Büscheln.

Herkunft China, Indien.

Standort Sonnig bis halbschattig. Ein sandiger, lehmiger Boden wird gewünscht.

Pflege Zwei bis dreimal jährlich düngen, wenig gießen. Nach drei bis vier Jahren Standortwechsel nötig.

Schädlinge Zwiebelfliegen.

Vermehrung Wurzelstockteilung im Frühjahr oder Herbst, Direktsaat im Herbst.

Ernten Stiele ab Mai zwei- bis dreimal im Jahr schneiden.

Küche Der knoblauchartige Geschmack ist sehr mild. Durch das enthaltene Chlorophyll ist der Knoblauch-Geruch nur kurzfristig andauernd. In der Küche werden Blätter und Blüten zum Würzen von Suppen, Fleisch und Fisch und Salaten verwendet. In China werden die Blütenstängel gedünstet und als Gemüse gegessen.

Weitere Art Der Großblättrige Schnittknoblauch (*Allium ramosum*, syn. *Allium odorum*) ist mehrjährig und winterhart, blüht aber früher.

BLÜTENFARBE

BLÜTEZEIT

| Jan | Feb | März | April | Mai | Juni | Juli | Aug | Sept | Okt | Nov | Dez |

Thai-Ingwer 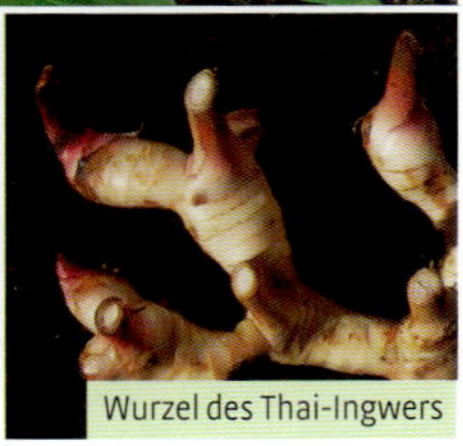 | Wurzel des Thai-Ingwers

Thai-Ingwer
Alpinia galanga

  | Höhe 60 bis 150 cm | Erntezeit Oktober bis September | anspruchs-voll |

Das mehrjährige, nicht winterharte Ingwerge-wächs wird als Gewürz und Heilpflanze gezo-gen. Am besten pflanzt man den Thai-Ingwer in Kübel, damit er im Winter leicht ins Winter-quartier geräumt werden kann.

Herkunft Indonesien.

Standort Sonnig bis halbschattig. Ein ge-schützter Platz und humose, durchlässige und nährstoffreiche Erde werden bevorzugt.

Pflege Ausreichend gießen und düngen. Rückschnitt nach Bedarf. Überwinterung: im hellen, warmen und frostfreien Winterquartier.

Schädlinge Spinnmilben.

Vermehrung Teilung des Rhizoms im Herbst oder im zeitigen Frühjahr.

Ernten Drei Jahre alte Wurzel.

Gesundheit und Küche Die Wurzel des Thai-Ingwers wirkt anregend, blähungstreibend und verhindert Erbrechen. Bei Verdauungsstörun-gen, Rheuma, Erkrankungen der Atemwege wird sie genauso angewendet wie in Magen-bittern und Schwedenkräutermischungen. In der Küche wird sie, frisch oder getrocknet, zu Pulver zerrieben, zum Würzen von Marmela-den, Backwaren und Getränken verwendet und ist oft Bestandteil von Currymischungen.

BLÜTENFARBE

BLÜTEZEIT

| Jan | Feb | März | April | Mai | Juni | Juli | **Aug** | **Sept** | Okt | Nov | Dez |

Mukuna-Wenna

Mukuna-Wenna, Papageienblatt
Alternanthera sessilis

| ☀ | ◐ | Höhe 15 bis 30 cm | Erntezeit Januar bis Dezember | pflege-leicht |

Das wärmeliebende, mehrjährige Fuchs-schwanzgewächs bildet kleine, ungestielte, weiße Blüten. Die Blätter und Stiele sind dunkelrot, auf der Unterseite tiefrot gefärbt. Mukuna-Wenna wird auch als kurzlebige Aquarium-Pflanze verwendet.

Herkunft Tropen und Subtropen Asiens, in Neuguinea und Indonesien als Kulturpflanze.

Standort Sonnig, kurzzeitig halbschattig, das ganze Jahr nicht unter 10 °C.

Pflege Gute humusreiche Erde. Kommt ohne Düngung aus, darf aber nie austrocknen. Hell und warm überwintern.

Schädlinge Raupen, Dickmaulrüsslerlarven.

Vermehrung Aussaat im Frühjahr, Stecklinge ganzjährig (bewurzeln auch im Wasserglas).

Ernten Frische Triebspitzen das ganze Jahr.

Gesundheit und Küche Die vitaminreichen Blätter und Triebspitzen können als Spinat und Gemüse, in Suppen, Saucen, Currymischungen oder als Beilage zu Fischgerichten zubereitet werden. Alte Arzneipflanze in der Ayurveda- und Unani-Medizin. Hilfreich bei Nieren- und Blasenentzündungen sowie Leber-, Magen- und Darmproblemen. In Sri Lanka wird das Kraut an Tiere mit Darmproblemen verfüttert

BLÜTENFARBE

BLÜTEZEIT

| Jan | Feb | März | April | Mai | Juni | Juli | Aug | Sept | Okt | Nov | Dez |

Indischer Dill

Indischer Dill

Indischer Dill
Anethum graveolens ssp. *sowa*

	Höhe bis 120 cm	Erntezeit Juni bis September	pflege-leicht	

Der einjährige, hochwachsende Indische Dill bildet große, gelbe Doldenblüten und fein gefiedertes Laub.

Herkunft Indien, Japan.

Standort Ein sonniger bis halbschattiger Platz mit einem leichten, sich schnell erwärmenden Boden ist ideal.

Pflege Auf gute Nährstoff- und Wasserversorgung achten. Auf Bodenverdichtung und Staunässe reagiert Dill mit rot bis gelb verfärbten Blättern und Kümmerwuchs. Er ist sehr frostempfindlich und sollte jedes Jahr neu ausgesät werden. Alle drei Jahre Standortwechsel.

Probleme Blattspitzendürre, Blattläuse.

Vermehrung Aussaat bei Bodentemperaturen von mindestens 7 °C.

Ernten Blattgrün im Sommer, Samen im Herbst.

Gesundheit und Küche Die Samen und Sprossspitzen werden mit Wasser aufgekocht und innerlich bei Erkältungen, Magen- und Darmbeschwerden angewendet. In der Küche werden frische Blätter für Suppen- und Reisgerichte verwendet, die Samen sind Bestandteil vieler Currywürzmischungen. Dillöl wird meistens aus dieser Art hergestellt.

BLÜTENFARBE

BLÜTEZEIT

Jan	Feb	März	April	Mai	Juni	Juli	Aug	Sept	Okt	Nov	Dez
						Juli	Aug				

Sibirische Engelwurz

Sibirische Engelwurz
Angelica dahurica

		Höhe bis 250 cm	Erntezeit Juni bis Juli Oktober bis März	anspruchs-voll

Blatt der Sibirischen Engelwurz

Das mehrjährige und winterharte Heilkraut ist sehr aromatisch. Auf den hohlen Stängeln mit großen, dreiteiligen Blättern sitzen weiße Blütendolden.
Herkunft Russland, China, Japan.
Standort Sonnig bis halbschattig. Die Pflanze bevorzugt feuchte, tiefgründige Böden.
Pflege In nährstoffreiche Erde setzen. Nur sehr wenig nachdüngen, damit die Sibirische Engelwurz ihre Aromastoffe bilden kann.
Vermehrung Aussaat mit frischem Samen.
Ernten Blätter vor und zu Beginn der Blütezeit, Wurzeln im Herbst oder Frühjahr.

Gesundheit und Küche Die Sibirische Engelwurz enthält viel ätherisches Öl und Cumarin. Die zerkleinerten Wurzeln und Blätter der Pflanze erhöhen, als Tee getrunken, die Widerstandsfähigkeit der Haut. Die scharf und bitter schmeckende Pflanze hilft, als Tee getrunken, bei Kopf- und Zahnschmerzen und schmerzenden Augen. Während der Anwendung sollte man auf längere Sonnenbäder verzichten.
Weitere Art Du Huo (*Angelica pubescens*) wird in der Chinesischen Heilkunde ähnlich angewendet. Die Pflanze duftet aromatisch.
Weiterer Name Bai Zhi.

BLÜTENFARBE

BLÜTEZEIT

Jan	Feb	März	April	Mai	Juni	Juli	Aug	Sept	Okt	Nov	Dez

Chinesische Engelwurz

Chinesische Engelwurz
Angelica sinensis (syn. *Angelica polymorpha*)

		Höhe 40 bis 100 cm	Erntezeit September bis Oktober	anspruchs-voll

Die Chinesische Engelwurz ist ein mehrjähriges und winterhartes Heilkraut. Die großen Blätter wachsen an hohlen Stängeln, im Hochsommer erscheinen weiße Doldenblüten.
Herkunft China, Japan.
Standort Sonniger bis halbschattiger Platz wird bevorzugt. Die Chinesische Engelwurz liebt feuchte, tiefgründige Böden, die humos und nährstoffreich sind.
Pflege Nur leichte Düngergaben nötig, reichlich gießen.
Vermehrung Aussaat im Frühjahr.
Ernten Wurzelstock im Herbst ausgraben.

Gesundheit und Küche Die Chinesische Engelwurz enthält ätherische Öle, Cumarin und wirkt beruhigend, krampflösend, antibiotisch und menstruationsfördernd. In China werden die als Tee aufgebrühten Wurzeln bei unregelmäßiger Menstruation und Schmerzen bei der Menstruation eingesetzt. Der Tee wirkt blutverdünnend und hat leberschützende Wirkung. Die Wurzel hat einen unverwechselbaren, süßlichen, stechenden Geruch und wird in China oft zum Kochen verwendet, zum Beispiel gehackt für Suppen.
Weiterer Name Dang Gui.

BLÜTENFARBE

BLÜTEZEIT

Jan	Feb	März	April	Mai	Juni	Juli	Aug	Sept	Okt	Nov	Dez

Einjähriger Beifuß

getrocknetes Kraut

Einjähriger Beifuß
Artemisia annua

 | Höhe bis 200 cm | Erntezeit Juli bis September | pflege-leicht |

Die einjährige Pflanze bildet einen grünen Stängel mit beidseitig behaarten, doppelt ge-fiederten Blättern und grünen Scheinblüten. Die Pflanze neigt zur Selbstaussaat. Seit Kurzem ist bekannt, dass dieses Arzneikraut bei der Behandlung von Malaria äußerst wirksam ist und relativ wenig Nebenwirkungen hat.
Herkunft Qing Hao wächst auf Wiesen und Ruderalflächen in Vietnam, China und Korea.
Standort Sonnig. Diese Beifuß-Art kommt mit allen Böden zurecht.
Pflege Wenig gießen und düngen.
Vermehrung Aussaat im Frühjahr.

Ernten Blätter im Sommer vor der Blüte.
Gesundheit und Küche Der Einjährige Beifuß wirkt fiebersenkend und antibiotisch. Er ist als Bittermittel bekannt und enthält ätherische Öle und Vitamin A. Sein Wirkstoff Arteannuin reduziert die Risiken einer Malariainfektion und sorgt bei einer Erkrankung für schnelle Genesung. Der Einjährige Beifuß kann ebenfalls Grippesymptome und Durchfall lindern. Die ganze Pflanze kann in einer Tinktur verwendet werden. Der sehr bittere Tee hilft auch bei Kopfschmerzen und Fieber.
Weiterer Name Qing Hao, Malariakraut.

BLÜTENFARBE

BLÜTEZEIT

| Jan | Feb | März | April | Mai | Juni | Juli | Aug | Sept | Okt | Nov | Dez |

Davana

Davana, Fahlblättriger Beifuß
Artemisia pallens

		Höhe 60 bis 120 cm	Erntezeit Oktober bis Dezember	anspruchs-voll	

Mehrjähriger, nicht ganz frostharter Strauch mit dillartigen, zarten Blättern und kleinen, runden, weiß-gelben Körbchenblüten.
Herkunft Tropisches und subtropisches Asien; wird in Indien zur Ölgewinnung, im Irak und in Afghanistan auch für Heilzwecke angebaut.
Standort Sonnig, nicht zu trockene, durchlässige Erde; darf nie ganz austrocknen.
Pflege Wurzeltrockenheit führt zu braunen Blättern. Frostfrei überwintern, am besten im Wintergarten; im Winter zurückschneiden.
Schädlinge Blatt- und Schmierläuse, wenn Luftfeuchtigkeit im Sommer zu gering.

Vermehrung Im Frühjahr durch Stecklinge oder im Frühsommer durch Samen.
Ernten Im Herbst zurückschneiden, wenn die Blüten ganz geöffnet sind.
Gesundheit und Küche Die feinen Blätter schmecken frisch und getrocknet sehr aromatisch, erinnern an Fenchel. Aus Blättern und Blüten wird mittels Wasserdampfdestillation das wertvolle Davana-Öl gewonnen. Es wirkt wärmend, entspannend, stärkend und beruhigt das Nervensystem. Bauchmassagen mit dem Öl fördern Durchblutung und Darmtätigkeit und lösen Verkrampfungen.

BLÜTENFARBE

BLÜTEZEIT

Jan	Feb	März	April	Mai	Juni	Juli	Aug	Sept	Okt	Nov	Dez

Blüte des Chinesischen Tragants

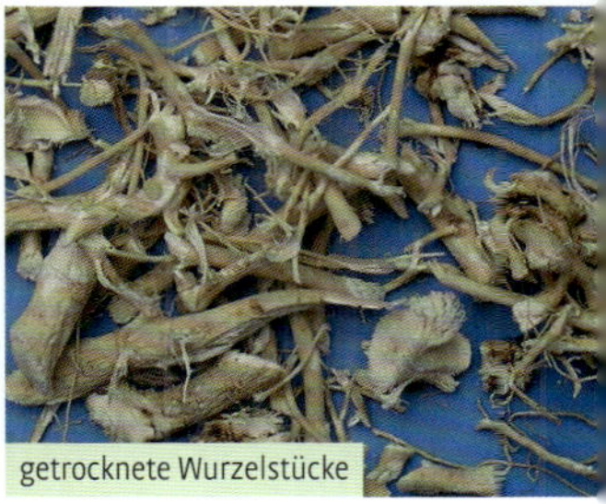

Chinesischer Tragant

getrocknete Wurzelstücke

Chinesischer Tragant, Huang Qi
Astragalus membranaceus

	Höhe	Erntezeit	pflege-	
◐	bis 60 cm	August bis September	leicht	🌱

Die kleinen, gelblichen Blüten des mehrjähri-gen und winterharten Schmetterlingsblütlers haben einen süßlichen Geschmack und gelten als ausgezeichnetes, wärmendes Tonikum für junge, körperlich aktive Leute. Es steigert Aus-dauer und Widerstandsfähigkeit und hilft bei Erkältung.
Herkunft China, Mongolei.
Standort Halbschattig. Der Chinesische Tra-gant benötigt einen sandigen, gut durchlässi-gen, leicht sauren Boden.
Pflege Wenig gießen und düngen.
Schädlinge Raupen.

Vermehrung Aussaat im Frühjahr, Wurzel-teilung im Herbst.
Ernten Blüten. Wurzel, ab dem vierten Stand-jahr im Sommer vor der Blüte ernten.
Gesundheit Der Chinesische Tragant wirkt harntreibend, gefäßerweiternd und blutdruck-senkend. Er steigert außerdem die Ausdauer. Der Chinesische Tragant ist dem Ginseng in der Wirkung fast gleichwertig. Die zerkleinerten und getrockneten Wurzeln ergeben, mit Honig vermischt, ein wirksames Tonikum. Ein Tee aus den Wurzeln ist sehr bitter und kann mit viel Honig nachgesüßt werden.

BLÜTENFARBE

BLÜTEZEIT

Jan	Feb	März	April	Mai	Juni	Juli	Aug	Sept	Okt	Nov	Dez

Brahmi

Brahmi, Kleines Fettkraut
Bacopa monnierii

	Höhe 10 bis 15 cm	Erntezeit Januar bis Dezember	pflege-leicht	

Das mehrjährige, nicht winterharte Braun-
wurzgewächs wächst kriechend, mattenbil-
dend, mit fleischigen Blättern und kleinen,
rosa-lila, später verblassenden Blüten.
Herkunft Sumpfige Bereiche in Indien, Sri
Lanka und China. Wird von Mittelamerika bis
Brasilien angebaut.
Standort In feuchter bis nasser Blumenerde,
am besten im Topf kultivieren. Kann auch für
Aquarien verwendet werden.
Pflege Warm und feucht halten. Bei kaltem
Wasser werden die Blattränder braun. Hell,
nicht unter 5 °C überwintern.

Schädlinge Blattläuse.
Vermehrung Stecklinge sofort in frische Erde
setzen, warm stellen. Aussaat, Wurzelteilung.
Ernten Frische junge Triebe das ganze Jahr.
Gesundheit Die sehr bitteren Blätter werden
frisch verwendet, als Saft, alkoholischer Auszug oder Tee. Brahmi fördert den Proteinstoff-
wechsel im Gehirn, verbessert die geistige Leistungsfähigkeit und stärkt Gedächtnis und
Konzentrationsfähigkeit. Es hilft als Nervento-
nikum, bei rheumatischen Beschwerden sowie
bei Unfruchtbarkeit, Impotenz und Frigidität.
Auch als Magenbitter zu empfehlen.

BLÜTENFARBE

BLÜTEZEIT

Jan	Feb	März	April	Mai	Juni	Juli	Aug	Sept	Okt	Nov	Dez

Weihrauch

Weihrauch
Boswellia serrata

 Höhe
30 bis 70 cm | Erntezeit
Oktober bis April | anspruchs-
voll

Weihrauch

Der Weihrauch trägt am Rand gesägte Blätter, die gefiedert stehen. Die graugrüne Rinde schält sich papierartig und in Streifen von den Zweigen ab. In der ayurvedischen Medizin Indiens wird er seit mehr als 3000 Jahren bei Entzündungen und Nervenleiden angewendet.

Herkunft Trockene, bergige Zonen Arabiens.

Standort Sonnig. Setzen Sie den Weihrauch in durchlässige und sandige Erde.

Pflege Wenig gießen und düngen.

Vermehrung Stecklinge im Sommer (schwer).

Ernte Gewinnung des Harzes von Ende Oktober bis Ende April durch Anritzen der Rinde. Der austretende Pflanzensaft trocknet an der Luft zu rot-gelblichen bis bräunlichen Kügelchen.

Gesundheit Das Harz enthält neben ätherischen Ölen und Gerbstoffen vor allem die medizinisch wirksamen Boswellia-Säuren. Das stark entzündungshemmende Weihrauchharz kann, als Kügelchen eingenommen, gegen Entzündungen der Atemwege, bei Gicht und Rheuma und bei Beschwerden im Verdauungs- und Harntrakt verwendet werden. Äußerlich kann es bei Furunkeln, auf die Haut gelegt, helfen.

Weitere Namen Indischer Weihrauch, Salaibaum, Saphalbaum.

BLÜTENFARBE

BLÜTEZEIT

| Jan | Feb | März | April | Mai | Juni | Juli | Aug | Sept | Okt | Nov | Dez |

Senfspinat

Senfspinat
Brassica rapa (syn. *Brassica campestris*)

		Höhe 30 bis 40 cm	Erntezeit Juni bis August	pflege-leicht

Der einjährige Senfspinat bildet eine glatte, runde, längliche und oben abgeflachte Wurzel. Die gelben Blüten sind in spitzen Dolden angeordnet und bilden Kapseln, die mit zahlreichen, pikanten, braunen Samen gefüllt sind. Die leicht bitter schmeckenden Blätter werden als Gemüse oder Salat verzehrt.

Herkunft Ostasien, v. a. China.

Standort Sonnig bis halbschattig. Senfspinat wächst auf jedem nährstoffreichen Gartenboden und blüht erst im zweiten Standjahr.

Pflege Reichlich gießen und düngen.

Schädlinge Raupen.

Vermehrung Aussaat von März bis September.

Ernten Die Blätter des Senfspinats werden nach Bedarf geerntet, die Samen im Herbst.

Gesundheit und Küche Der Senfspinat wirkt beruhigend, harntreibend und ist sehr kalorienarm. Er enthält viel Wasser, Ballaststoffe, essenzielle Öle, Zucker und Mineralsalze. Daher eignet er sich gut zum Abnehmen. In der Küche verwendet man die fleischigen Blätter des Senfspinats als Salat. Die Blätter können als Würze für Eintöpfe, Schmorgerichte, Gemüsesuppen und grünes Gemüse genutzt werden. Der gemahlene Samen wird zu Senf verarbeitet.

BLÜTENFARBE

BLÜTEZEIT

Jan	Feb	März	April	Mai	Juni	Juli	Aug	Sept	Okt	Nov	Dez

Goldbart

Goldbart
Callisia fragrans

			Höhe 60 bis 100 cm	Erntezeit Januar bis Dezember	pflege- leicht	

Die mehrjährige Pflanze aus der Familie der Dreimasterpflanzen verzweigt sich stark und benötigt viel Platz. Sie hat wachsartige Blätter und unscheinbare, weiße, duftende Blüten.
Herkunft Östliches Russland und Südamerika; stammt ursprünglich vermutlich aus Südmexiko.
Standort Je wärmer, umso schneller wächst sie und umso länger werden die neuen Triebe. An einem hellen, kühlen Platz verfärben sich die Blätter lila. Bei direkter Sonneneinstrahlung für ausreichende Luftfeuchtigkeit sorgen.
Pflege Neutrale, feuchte Erde, im Sommer wöchentlich düngen. Frostfrei überwintern.

Schädlinge Schildlausbefall bei trockener Luft, vorbeugend mit verdünntem Bier besprühen. Bei Blattfall steht die Pflanze zu dunkel.
Vermehrung Kopfstecklinge das ganze Jahr.
Ernten Blätter und junge Triebe ganzjährig.
Gesundheit Die zerkleinerten oder zu einem Brei verarbeiteten Blätter beugen Beschwerden von Magen, Darm, Galle, Milz, Schilddrüse, Lunge und Asthma vor. Bei Hautkrankheiten und Verbrennungen mit dem Pflanzensaft der Blätter einreiben. Bei Ohrenkrankheiten das Blatt zu einer Kugel formen und ins Ohr stecken. In Russland sehr beliebt.

BLÜTENFARBE

BLÜTEZEIT

Jan	Feb	März	April	Mai	**Juni**	**Juli**	Aug	Sept	Okt	Nov	Dez

Gotu Kola

Gotu Kola, Indischer Wassernabel
Centella asiatica (syn. Hydrocotyle asiatica)

Höhe 10 bis 15 cm	Erntezeit Januar bis Dezember	anspruchs- voll

Das mehrjährige Doldengewächs bildet Ausläufer, die in einem Knoten mit Wurzeln enden. Die aus den Knoten austretenden Blätter sind kreisförmig. Im Spätsommer bilden sich kleine, dunkelrote Blüten.

Herkunft Tropen und Subtropen, vor allem an Flussufern und Reisfeldern in Indien und Sri Lanka. In Afrika und Amerika als Kulturpflanze.

Standort Wächst an warmen Plätzen, in feuchter, humushaltiger Erde.

Pflege Benötigt viel, aber weiches Wasser und sollte nie ganz austrocknen; wenig düngen, vor direkter Sonneneinstrahlung schützen.

Schädlinge Dickmaulrüsslerlarven an den Wurzeln und Schnecken an den Blättern.

Vermehrung Wurzel- oder Triebausläufer.

Ernten Ganzjährig frische Triebe.

Gesundheit und Küche Wirkt entzündungshemmend, durchblutungsfördernd, beruhigend und magenstärkend, fördert die Merkfähigkeit. Ein Tee aus getrockneten Blättern wird zur Behandlung von Nervenkrankheiten, Epilepsie, Schlafstörungen, Harnzwang sowie Asthma und Bronchitis verabreicht. Ein Brei hilft gegen Ekzeme und Hautausschläge. Die frischen Blätter können auch als Salat zubereitet werden.

BLÜTENFARBE

BLÜTEZEIT

Jan	Feb	März	April	Mai	Juni	Juli	Aug	Sept	Okt	Nov	Dez

Salat-Chrysantheme

Salat-Chrysantheme, Shungiku
Chrysanthemum coronarium (syn. *Xanthophthalmum coronarium*)

		Höhe bis 100 cm	Erntezeit Juli bis August	pflege-leicht	

Die Blätter sind blaugrau bis dunkelgrün, die Blüte einfach oder gefüllt mit einer dunkelgelben Mitte und cremeweißen Zungenblüten.
Herkunft Diese Einjährige ist ursprüngl ch im Mittelmeergebiet heimisch, wird aber überwiegend in Japan angebaut und als Salat roh oder gedünstet verzehrt.
Standort Sonnig bis halbschattig, gedeiht auf allen humosen Gartenböden.
Pflege Reichlich gießen und düngen.
Schädlinge Blattläuse an frischen Trieben.
Vermehrung Aussaat im Frühjahr.
Ernten Junge Blätter und Triebe, auch Blüten.

Gesundheit und Küche Diese sehr aromatische Chrysanthemen-Art wird hauptsächlich wegen ihrer schmackhaften Blätter gezogen. Die als Tee aufgebrühten Blüten verwendet man auch bei Entzündungen, Kopfschmerzen und ermüdeten Augen. Man kann mit dem Tee ein Tuch tränken und es auf die Augen legen. Ihre Blätter werden bei Hautleiden, Pickeln und Geschwüren auf die betreffenden Stellen gelegt. Die Blätter werden in der asiatischen Küche roh als Salat verzehrt oder als Gemüse gedünstet.
Weiterer Name Kronen-Wucherblume.

BLÜTENFARBE

BLÜTEZEIT

Jan	Feb	März	April	Mai	Juni	**Juli**	**Aug**	Sept	Okt	Nov	Dez

Glockenwinde

Glockenwinde, Tang Shen
Codonopsis pilosula (syn. *Codonopsis tangshen*)

	Höhe 20 bis 120 cm	Erntezeit September bis Dezember	anspruchs- voll	

Mehrjährige, nicht winterharte Kletterpflanze. Die glockenförmigen Blüten sind zartrosa mit weiß-grüner Zeichnung.
Herkunft Nordosten Chinas.
Standort Halbschatten oder Schatten. In leichte, durchlässige Erde setzen.
Pflege Gießstopp im Herbst. Im Frühjahr wieder in neue Erde setzen.
Schädlinge Schnecken
Vermehrung Aussaat im Frühjahr, Stecklinge von grundständigen Trieben im Frühjahr.
Ernten Dreijährige Wurzeln im Herbst, frisch oder getrocknet.

Gesundheit und Küche Die süß schmeckende Pflanze wirkt wärmend und beruhigend. Sie wird zur Stärkung angewendet und hilft Milz, Lunge sowie Magen, wirkt entgiftend und senkt den Blutzuckerspiegel. Die Glockenwinde kann den Blutdruck senken und stärkt das Immunsystem. In der Chinesischen Medizin wird die Glockenwinde genauso wie Ginseng verwendet. In der Küche wird die zu Pulver zerstoßene Wurzel mit Reis zu einer sämigen Speise eingekocht. Diese Speise gibt kranken und überanstrengten Menschen wieder Energie.

BLÜTENFARBE

BLÜTEZEIT

Jan	Feb	März	April	Mai	Juni	Juli	Aug	Sept	Okt	Nov	Dez

Koriander

Koriander
Coriandrum sativum

  Höhe 30 bis 70 cm | Erntezeit Juni bis September | pflege-leicht

Koriandersamen

Sowohl die kräftig aromatisch duftenden Blätter als auch die zahlreich erscheinenden, kugeligen Samen des einjährigen Korianders werden verwendet.

Herkunft Mittlerer Osten, Mittelmeerraum.
Standort Sonnig bis halbschattig. Koriander gedeiht auf humosen, lockeren, kalkhaltigen und sandigen Böden.
Pflege Reichlich gießen und düngen.
Schädlinge Blattwanzen
Vermehrung Aussaat im Frühjahr.
Ernten Blätter im Sommer, Samenstände vor der Vollreife abschneiden und trocknen.

Gesundheit und Küche Alle Pflanzenteile besitzen keimtötende Eigenschaften. Mit dem gemahlenen Samen gewürzte Eier und Hühnerfleisch sind vor Salmonellenbefall geschützt. Koriander wirkt außerdem magenschonend, verdauungsfördernd, blähungstreibend und enthält ätherische Öle und Gerbstoffe. Zerstoßene und mit Honig vermischte Samen helfen bei Husten. Das stark aromatische, frische Kraut ist in der indischen und asiatischen Küche fast unentbehrlich. Der Samen wird auch als Lebkuchen- und Likörgewürz und zum Würzen von Roten Rüben verwendet.

BLÜTENFARBE

BLÜTEZEIT

Jan	Feb	März	April	Mai	Juni	Juli	Aug	Sept	Okt	Nov	Dez

Japanische Petersilie

'Purpurascens'

Japanische Petersilie, Mitsuba
Cryptotaenia japonica

	Höhe 30 bis 60 cm	Erntezeit März bis Oktober	pflege- leicht	

Die Mitsuba ist mehrjährig und braucht in unseren Breiten einen Winterschutz. Sie ist ein Doldenblütler, der aufrecht-buschig wächst und hellgrüne, dreiteilig gezähnte Blätter trägt. Die Blüten sind unscheinbar weiß.

Herkunft Vietnam bis China; in waldigen, bergigen Flusstälern.

Standort Halbschattig. Mitsuba wünscht humusreiche, feuchte Böden.

Pflege Reichlich düngen und ausreichend gießen, Wurzelballen nicht trocken werden lassen. Keine Staunässe, die Blätter färben sich dann unansehnlich braun.

Schädlinge Blattläuse, Weiße Fliege.

Vermehrung Aussaat im Frühjahr.

Ernten Frische Blätter nach Bedarf, Wurzeln im Herbst.

Küche Die Blätter und Stängel werden frisch und gedünstet zu Suppen, Saucen oder in Salate gegeben. Die Wurzeln werden gegart als Gemüse verzehrt oder in Salate gemischt. Das Aroma der Mitsuba ist dem der Engelwurz oder Sellerie ähnlich und nicht petersilienähnlich.

Weitere Sorte 'Purpurascens' trägt wunderschöne, rote Blätter. Sie wird wie die Art gepflegt und bildet die gleichen Wirkstoffe.

BLÜTENFARBE

BLÜTEZEIT

Jan	Feb	März	April	Mai	Juni	Juli	Aug	Sept	Okt	Nov	Dez

Kreuzkümmel

Kreuzkümmel
Cuminum cyminum

	Höhe 20 bis 40 cm	Erntezeit Juli bis August	anspruchs-voll	

Samen des Kreuzkümmels

Kreuzkümmel ist eine niedrige, zierliche Pflanze mit verzweigtem Stängel. Die Früchte sind länglich, gelbbraun, kurz behaart und zerfallen bei der Reife in Teilfrüchte. Kreuzkümmel riecht etwas unangenehm und würzig. Der Geschmack der Samen ist etwas bitter. In nassen Sommern bilden sich meist keine Samen.
Herkunft Arabien, heute in allen asiatischen Ländern heimisch.
Standort Sonnige, warme Plätze. In nährstoffreiche, lehmige Böden setzen.
Pflege Wichtig ist ein warmer, geschützter Platz. Gleichmäßig wässern und düngen.

Vermehrung Aussaat im Frühjahr.
Ernten Die Samen können geerntet werden, sobald sie reif sind.
Gesundheit und Küche Kreuzkümmel hat, als Tee aufgebrüht, eine verdauungsfördernde und blähungsverhindernde Wirkung. In der asiatischen Küche werden die Samen als Brotgewürz verwendet. Er ist wichtiger Bestandtei von Currywürzmischungen. Er wird auch zur Geschmacksverbesserung von Käse, Fleisch, Chutneys, Keksen und Kuchen eingesetzt. Das ätherische Öl der Samen wird auch in der Parfümindustrie genutzt.

BLÜTENFARBE

BLÜTEZEIT

Jan	Feb	März	April	Mai	Juni	Juli	Aug	Sept	Okt	Nov	Dez

Kurkuma

Kurkuma, Gelbwurzel
Curcuma longa (syn. *Curcuma domestica*)

	Höhe bis 100 cm	Erntezeit September bis Dezember	anspruchs-voll	

getrocknete Kurkumawurzel

Das mehrjährige, aber nicht winterharte Ingwergewächs hat einen kurzen Stamm, lanzettliche Blätter und ein knorriges Rhizom.
Herkunft Indien und China.
Standort Halbschattig. Gut durchlässige Böden und ein feuchtes Klima sind ideal. Kann bei uns nur in Kübeln gezogen werden.
Pflege Verträgt keine nassen und kühlen Füße. Die Pflanze sollte ganzjährig bei 10 bis 20 °C gehalten werden.
Schädlinge Schildläuse im Winter.
Vermehrung Wurzelteilung
Ernten Rhizom ab dem Herbst ernten.

Gesundheit und Küche Kurkuma wirkt entzündungshemmend, leberschonend, antibakteriell, stoffwechselanregend und enthält ätherische Öle sowie den Farbstoff Curcuminoid. In Indien wird Kurkuma zum Senken der Blutfettwerte und als Antibiotikum eingesetzt. Kurkuma ist ein wichtiges Gewürz, das für Currypulver und ostasiatische Speisen verwendet wird. Der enthaltene Farbstoff färbt bei Kontakt schnell gelb. Die Wurzel sollte nur frisch genutzt werden. Gekauftes Pulver sollte dunkel aufbewahrt werden, damit das Aroma nicht verloren geht.

BLÜTENFARBE

BLÜTEZEIT

Jan	Feb	März	April	Mai	Juni	Juli	Aug	Sept	Okt	Nov	Dez

Westindisches Zitronengras

Westindisches Zitronengras
Cymbopogon citratus

		Höhe bis 120 cm	Erntezeit Januar bis Dezember	pflege-leicht	

Das mehrjährige, bei uns nicht winterharte Süßgrasgewächs kommt in Kultur nicht zur Blüte. Die graugrünen, linealischen, rauen Blätter duften bei Berührung nach Zitrone.
Herkunft Ostasien.
Standort Sonnig bis halbschattig, an einen warmen Standort mit humoser und durchlässiger Erde setzen.
Pflege Im Sommer sollten Sie reichlich düngen. Dieses Süßgras ist empfindlich gegenüber Staunässe. Zironengras sollte auf keinen Fall Regen ausgesetzt sein. Überwinterung: hell, bei 10 °C.

Vermehrung Aussaat, besser Wurzelteilung des Wurzelstockes, Stecklinge vom Haupttrieb.
Ernten Halme ganzjährig. Mitteltrieb, wenn sich genügend Seitentriebe entwickelt haben. Auch zum Trocknen geeignet.
Gesundheit und Küche Zitronengras wirkt verdauungsfördernd, krampflösend, antibakteriell, schweiß- und harntreibend. Es enthält ätherisches Öl mit Citral, Limonen und Vitamine. Zitronengras kann dem Badewasser zugegeben werden. In der thailändischen Küche wird es vielen Speisen zugefügt und ist Bestandteil von Curry. Der Zitronengrastee er-

BLÜTENFARBE

BLÜTEZEIT

Jan	Feb	März	April	Mai	Juni	Juli	Aug	Sept	Okt	Nov	Dez

Zitronengras kann gut in Töpfen gezogen werden.

Zitronengras

getrocknetes Zitronengras

frisch und entspannt Magen und Darm. Man kann frische oder getrocknete Halme zu Geflügel, Fisch, Meeresfrüchten, Saucen und Marinaden geben.

Weitere Arten Das Zitronellagras (*Cymbopogon nardus*) hat ein süßliches Aroma. Es wird ähnlich gepflegt und verfügt über die gleichen Eigenschaften. Es wird überwiegend zur Ölgewinnung für die Kosmetikindustrie angebaut. Das Ostindische Zitronengras (*Cymbopogon flexuosus*) bildet feinere Grashalme. Seine Eigenschaften sind ebenfalls ähnlich. Es ist Hauptbestandteil von vielen Salben und Badezusätzen. Das Öl wird im Handel unter dem Namen Indisches Melissenöl angeboten. Es soll, wenn man es dem Badewasser zusetzt, gegen rheumatische Beschwerden helfen. In vielen Badezusätzen ist es bereits enthalten. Das Palmarosagras oder Roshagras (*Cymbopogon martinii*) wächst an sonnigen oder halbschattigen Plätzen und wird bis 80 cm hoch. Es ist sehr wärmebedürftig. Es darf nicht unter 15 °C überwintert werden. Seine Blätter duften nach Rosen und enthalten das bekannte ätherische Öl Geraniol. Häufig wird es Seifen, Parfüms und Kosmetika zugefügt.

![Türkischer Drachenkopf]

Türkischer Drachenkopf

Türkischer Drachenkopf
Dracocephalum moldavicum

	Höhe 40 bis 60 cm	Erntezeit Juni bis September	pflege- leicht	

Der Türkische Drachenkopf wächst einjährig und aufrecht hoch mit weichen Blättern. Die blauen bis violetten Blüten wachsen quirlig in dichten, endständigen Ähren. Der Drachenkopf ist auch eine sehr schöne Zierpflanze, deren Blüten für den Vasenschnitt geeignet sind. Außerdem lockt sie Bienen und Insekten in den Garten.

Herkunft Südsibirien bis Himalaya.

Standort Sonnig. Als Pionierkraut kann es auch nährstoffarme Böden besiedeln. Im Garten sollte der Boden humos und durchlässig sein.

Pflege Viel gießen. Nicht düngen, sonst werden weniger Blüten gebildet.

Schädlinge Schnecken, Raupen

Vermehrung Aussaat im Frühjahr.

Ernten Blätter und Blüten. Auch zum Trocknen geeignet.

Gesundheit und Küche Der Türkische Drachenkopf wirkt leicht krampflösend und beruhigend. Als Bestandteil in Beruhigungs-, Leber- und Gallen- sowie Magentees hilft er bei vielen Problemen mit inneren Organen. In der Türkei ist der Drachenkopf ein wichtiges Gewürz. Er schmeckt sehr angenehm zitronig und frisch.

BLÜTENFARBE

BLÜTEZEIT

Jan	Feb	März	April	Mai	Juni	Juli	Aug	Sept	Okt	Nov	Dez

Kardamom

Kardamom
Elettaria cardamomum

	Höhe bis 200 cm	Erntezeit Juli bis September	anspruchs- voll	

Samen

Der mehrjährige, nicht winterharte Blattkarda-
mom bildet ein knolliges Rhizom, aus dem
schilfähnliche Blätter wachsen. Die bis zu
20 cm hohen Blütenstände sind ein herrlicher
Anblick (bei uns sehr selten).
Herkunft Südindien, Sri Lanka, Thailand; in
Kultur auch in Mittelamerika.
Standort Sonnig bis halbschattig und warm.
Ein nährstoffreicher, feuchter und gut durch-
wässerter Boden ist ideal.
Pflege Wenig gießen und reichlich düngen.
Bei uns nur im Kübel zu ziehen. Die Temperatur
sollte 10 °C nicht unterschreiten.

Schädlinge Spinnmilben.
Vermehrung Aussaat im Herbst, Wurzelteilung im Frühjahr.
Ernten Samen im Spätsommer, als Ganzes
getrocknet und dann zu Öl, Pulver oder Tinktur
verarbeitet, Blätter.
Gesundheit und Küche Kardamom wirkt innerlich gegen Verdauungsbeschwerden, Erbrechen und Übelkeit. Die Blätter schmecken
scharf und aromatisch. Sie wirken schleimlösend. Die Samen werden für Backwaren, Einge-
legtes und Obstkompott verwendet. In der asiatischen Küche werden Blätter mitgekocht.

BLÜTENFARBE

BLÜTEZEIT

Jan	Feb	März	April	Mai	Juni	Juli	Aug	Sept	Okt	Nov	Dez

Blüten des Chinesischen Gewürzstrauchs

Chinesischer Gewürzstrauch
Elsholtzia stauntonii

	Höhe 90 bis 120 cm	Erntezeit Juni bis September	pflege-leicht	

Der mehrjährige Halbstrauch benötigt in unseren Gefilden Winterschutz. Er wirft im Herbst sein Laub ab. Im Spätsommer erscheinen kräftig dunkelrosafarbene Blütenrispen, die aromatisch minzeartig duften. Er wird auch als Zierstrauch auf Balkon und Terrasse gezogen.
Herkunft China.
Standort Sonnig, wächst auf allen durchlässigen, nährstoffreichen Böden.
Pflege Wenig gießen und reichlich düngen.
Schädlinge Weiße Fliege.
Vermehrung Aussaat im Frühjahr, Stecklinge im Sommer.

Ernten Blätter nach Bedarf.
Gesundheit und Küche Der Chinesische Gewürzstrauch enthält ätherische Öle. Als Tee aufgebrühte Blätter fördern die Verdauung. In der Küche werden frische Blätter zum Würzen von Gurkensalaten und gekochtem Gemüse verwendet.
Weitere Art Die Echte Kammminze (*Elsholtzia cilata*) ist eine mehrjährige, nicht winterharte Kübelpflanze. Die weichen, aromatischen Blätter schmecken nach Zitrone. Sie werden für asiatische Speisen, Suppen, Saucen, Fleisch- und Fischgerichte verwendet.

BLÜTENFARBE

BLÜTEZEIT

Jan	Feb	März	April	Mai	Juni	Juli	Aug	Sept	Okt	Nov	Dez
							Aug	Sept	Okt		

Elfenblume

Elfenblume, Ziegenkraut
Epimedium grandiflorum

		Höhe 20 bis 40 cm	Erntezeit Mai bis Oktober	pflege- leicht

Der mehrjährige, winterharte Busch trägt herzförmige, gezähnte Blätter mit einem roten Rand. Die Blüten sind reinweiß bis rosafarben mit weißen Spitzen.

Herkunft Asien bis Türkei; in China v. a. in der Provinz Sichuan, aber auch in Korea und Japan.

Standort Nährstoffreicher, saurer Boden. Kann sich auch unter Bäumen durchsetzen.

Pflege Hält im Sommer auch Trockenheit aus. Als Bodendecker bildet sich ein dichter Laubteppich, der Unkraut keine Chance lässt. Vor dem Neuaustrieb zurückschneiden.

Schädlinge Manchmal Schnecken.

Vermehrung Wurzelteilung im Herbst oder Aussaat im Spätsommer.

Ernten Frische Blätter im Frühsommer, Wurzeln im Herbst. Trocknung gut möglich.

Gesundheit Scharfes, süß schmeckendes Kraut, das v. a. als Aphrodisiakum oder als Tonikum für Leber und Nieren verwendet wird. Es erweitert die Blutgefäße, senkt den Blutdruck und hilft bei Asthma und Husten. Nicht mehr als eine Tasse Tee pro Tag eine Woche lang trinken, eine Überdosis kann zu Schwindel und Erbrechen führen. Die Wurzeln können auch in Alkohol einlegt werden. Sparsam verwenden!

BLÜTENFARBE

BLÜTEZEIT

Jan	Feb	März	April	Mai	Juni	Juli	Aug	Sept	Okt	Nov	Dez

Vielblütiger Knöterich

Vielblütiger Knöterich
Fallopia multiflora (syn. *Polygonum multiflorum*)

   | Höhe bis 500 cm | Erntezeit Juni bis Oktober | pflege-leicht |

Der mehrjährige, kletternde Knöterich ist nicht vollkommen winterhart. Das Rhizom trägt Knollen und an den schlanken Rispen bilden sich im Herbst rote Blüten, denen dreigeteilte Früchte folgen.

Herkunft Südwest-China.

Standort Sonnig bis schattig. Eine nährstoffreiche, feuchte Erde wird gewünscht. Zusätzlich mit Torf und Sand anreichern.

Pflege Reichlich gießen und düngen. Im Frühjahr bis auf 30 cm zurückschneiden, um das Wurzelwachstum anzuregen. Auf Windschutz achten.

Schädlinge Blattläuse an Jungpflanzen.

Vermehrung Wurzelteilung im Frühjahr, Stecklinge im Sommer.

Ernten Kraut ab Juni, Rhizome entwickeln erst nach drei bis vier Jahren genügend Wirkstoffe, im Herbst ausgraben.

Gesundheit Das bittersüße, zusammenziehend wirkende und leicht wärmende Kraut und die Wurzel haben, als Tee aufgebrüht, eine kräftigende Wirkung auf Leber und Kreislauf. Der Vielblütige Knöterich senkt Blutzucker- und Cholesterinspiegel, entgiftet und kann bei bakteriellen Infektionen helfen.

BLÜTENFARBE

BLÜTEZEIT

| Jan | Feb | März | April | Mai | Juni | **Juli** | **Aug** | Sept | Okt | Nov | Dez |

Asant

Asant, Teufelsdreck
Ferula asa-foetida

	Höhe bis 200 cm	Erntezeit April bis Juni	anspruchs- voll

Kräftige mehrjährige, nicht ganz winterharte Staude mit fleischigen, großen Wurzeln und gelben strahligen Blütendolden.
Herkunft Iran und Afghanistan.
Standort Sonnig. Nährstoffreicher, tiefgründiger, durchlässiger, gut entwässerter Boden. Verträgt auch längere Trockenperioden.
Pflege Benötigt reichlich Dünger und Wasser im Sommer.
Krankheiten Bei ungünstigen Bedingungen Befall mit Echtem Mehltau.
Vermehrung Aussaat im Spätsommer.
Ernten Ab dem dritten Jahr werden die Wurzeln im Frühjahr geschnitten und das Gummiharz von den Wurzeloberteilen abgeschabt. Die Wurzelscheiben werden zerkleinert oder abgekratzt. Luftdicht verschließen.
Gesundheit und Küche Im Gummiharz ist ein ätherisches, schwefelhaltiges Öl enthalten, das einen widerlichen Duft verbreitet. Es wird innerlich bei Verdauungsbeschwerden und Atemwegserkrankungen verwendet. Das Harz ist im Orient ein gefragtes Gewürz, das in kleinen Mengen Gerichten aus Hülsenfrüchten, Gemüse und Saucen ein außergewöhnliches Aroma verleiht.

BLÜTENFARBE

BLÜTEZEIT

Jan	Feb	März	April	Mai	Juni	Juli	Aug	Sept	Okt	Nov	Dez

Gardenie

Gardenie
Gardenia jasminoides (syn. *Gardenia augusta, Gardenia florida*)

		Höhe bis 200 cm	Erntezeit September bis Oktober	anspruchs- voll	

Die Gardenie ist ein mehrjähriges, aber nicht winterhartes Gewächs. Der immergrüne Strauch trägt im Frühsommer weiße, duftende Blüten, die sich später zu orangeroten Früchten entwickeln. Die Gardenie ist eine wichtige Pflanze in der chinesischen Kräutermedizin.

Herkunft Südostprovinzen Chinas.

Standort Sonnig bis halbschattig. Benötigt feuchtwarmes Klima und einen durchlässigen Boden.

Pflege Gleichmäßig feucht halten, nur mit abgestandenem, weichem Wasser gießen. Reichlich düngen. Plötzliche Temperaturänderungen und Kaltluft sowie Staunässe vermeiden. Nach der Ernte zurückschneiden, damit die Gardenie buschig wächst. Für die Blüte mit wenig Kalk düngen. Bei Zimmertemperatur überwintern.

Schädlinge Blattläuse, Weiße Fliege und Schildläuse im Winterquartier.

Vermehrung Stecklinge mit grünem Holz im Frühjahr, verholzte Stecklinge im Sommer.

Ernten Reife Früchte, für Absude trocknen.

Gesundheit Die Früchte enthalten ein wichtiges ätherisches Öl. Es hilft bei Reizbarkeit, Schlaflosigkeit, schmerzhaftem Harnlassen, Gelbsucht und Nasenbluten.

BLÜTENFARBE

BLÜTEZEIT

Jan	Feb	März	April	Mai	**Juni**	**Juli**	Aug	Sept	Okt	Nov	Dez

Chinesisches Süßholz

Chinesisches Süßholz, Gan Cao

Glycyrrhiza uralensis

Wurzeln

	Höhe 40 bis 80 cm	Erntezeit August bis September	anspruchsvoll

Mehrjährig, nicht ganz winterhart, mit fingerdicken Wurzeln, unpaarig gefiederten Blättern mit dunkler Unterseite und rötlichen Blütentrauben. Die Wurzel gehört zu den ältesten Kräuterheilmitteln der Welt und ist in der ayurvedischen Medizin unentbehrlich.

Herkunft Mongolei, Sibirien, China, Indien.
Standort Möglichst sonnig, windgeschützt. Lehmiger, nahrhafter, tiefgründiger Boden.
Pflege Wurzel fault schnell, wenn Erde zu feucht ist. Leichter Winterschutz ratsam.
Schädlinge und Krankheiten Schnecken; Rostpilze an den Blättern sofort wegschneiden.

Vermehrung Aussaat. Wurzeltriebe bei der Ernte zerkleinern und im Frühjahr einpflanzen.
Ernten Dreijährige Wurzeln im Herbst ausgraben und luftig trocknen.
Gesundheit und Küche Wirkt entzündungshemmend, krampflösend, blutreinigend und harntreibend. Ein Tee aus Wurzelstücken hilft bei Verschleimungen in der Brust, Bronchitis, Schnupfen und ist gut für Magen und Leber. Das Kauen der frischen Wurzel lindert Durst und Sodbrennen. Die zerkleinerte Wurzel wird zum Süßen verwendet. Aus dem Wurzelsaft lassen sich Bonbons und Lakritze herstellen.

BLÜTENFARBE

BLÜTEZEIT

Jan	Feb	März	April	Mai	Juni	Juli	Aug	Sept	Okt	Nov	Dez

Jiaogulan

Jiaogulan, Unsterblichkeitskraut
Gynostemma pentaphyllum

☀	◑	Höhe bis 500 cm	Erntezeit Mai bis Oktober	pflege-leicht

Das mehrjährige, nur bis −5 °C winterharte Kürbisgewächs wächst rankend und trägt im Sommer kleine, gelbgrüne, sternförmige Blüten. Daraus entstehen später glatte, dunkelgrüne Früchte mit weißen Linien.
Herkunft Südchina; wird in Japan als Kletterpflanze gezogen.
Standort Sonnig bis halbschattig. Einen feuchten, gut durchlässigen Boden wählen. Bei uns im Kübel ziehen. Überwinterung: hell, bei 0 °C.
Pflege Reichlich gießen und düngen.
Schädlinge Blattläuse, Weiße Fliege im Winterquartier.

Vermehrung Samen (24 Stunden in warmem Wasser vorquellen lassen), Wurzelteilung im Herbst, Stecklinge im Sommer.
Ernten Blätter ab Mai, Wurzeln im Herbst.
Gesundheit Die Blätter und Wurzeln können frisch oder für Absude, Extrakte und Tee getrocknet verwendet werden. Die Pflanze wirkt kreislauf- und blutdruckregulierend, regt die Leberfunktion an und kräftigt Immun- und Nervensystem. Sie senkt den Blutzucker- sowie Cholesterinspiegel, hilft bei Erschöpfung, Magengeschwüren, Bronchitis und Diabetes. Nicht während der Schwangerschaft!

BLÜTENFARBE

BLÜTEZEIT

Jan	Feb	März	April	Mai	Juni	**Juli**	**Aug**	Sept	Okt	Nov	Dez

Malayische Samtpflanze

Malayische Samtpflanze, Sambung Nyawa
Gynura procumbens

| | | Höhe
30 bis 80 cm | Erntezeit
Juni bis Oktober | pflege-
leicht | |

Mehrjährige, sehr wärmeliebende, halbkletternde Heilpflanze mit dicken, fleischigen Blättern und goldgelben Blüten. Sie wird auch „Pflanze gegen hundert Krankheiten" genannt.
Herkunft Südostasien. In Malaysia, Thailand und China genießt sie ein sehr hohes Ansehen.
Standort Im Sommer halbschattig, im Winter hell, auch sonnig, stellen.
Pflege Staunässe meiden und vor Regen schützen (unsere Niederschläge sind zu kalt).
Schädlinge Auf Schnecken achten.
Vermehrung Stecklinge im Herbst oder Frühjahr schneiden und in ein Wasserglas stellen.

Ernten Frische Blätter oder Triebspitzen das ganze Jahr über. Die meisten Wirkstoffe bilden sich jedoch von Sommer bis Herbst.
Gesundheit und Küche Die fleischigen Blätter wirken blutdruckregulierend, blut- und lymphreinigend und werden bei Diabetes, Asthma, Akne, Allergien, Hämorrhoiden, Verspannungen innerlich eingesetzt. Am besten isst man täglich einige frische Blätter auf nüchternen Magen, mischt sie unter den Salat oder trinkt einen Tee aus den getrockneten Blättern. Die Blätter können auch äußerlich auf entzündete Wunden aufgelegt werden.

BLÜTENFARBE

BLÜTEZEIT

| Jan | Feb | März | April | Mai | Juni | Juli | Aug | Sept | Okt | Nov | Dez |

Herzgespann

getrocknetes Kraut

Chinesisches Herzgespann
Leonurus japonicus (syn. *Leonurus heterophyllus, Leonurus sibiricus*)

☀	◐	Höhe 40 bis 100 cm	Erntezeit Juli bis August	pflege-leicht	🌱

Das winterharte Herzgespann wird in der Traditionellen Chinesischen Medizin verwendet. Die roten bis rosafarbenen, scheinquirligen Blüten erscheinen reichlich im Sommer.

Standort Sonnig bis halbschattig, in einen gut entwässerten Boden setzen.

Herkunft Sibirien, China, Korea.

Pflege Gleichmäßig feucht halten und sparsam düngen. Staunässe unbedingt vermeiden.

Vermehrung Aussaat im Frühjahr, Teilung von Sommer bis Herbst.

Ernten Blüten, bevor sich Samen entwickeln, reife Samen im Herbst.

Gesundheit Das Herzgespann ist ein bitteres, harntreibendes Kraut, das den Kreislauf anregt, Blutdruck senkt und die Menstruation reguliert. Auch bei Frauenleiden wird es angewendet. Vorsicht: Das Herzgespann sollte nicht von schwangeren Frauen verwendet werden. In der chinesischen Medizin wird es traditionell als Herzmittel, bei starkem Pulsschlag und gegen Krämpfe empfohlen. Samen und Blüten des Herzgespanns können als Tee aufgebrüht werden.

Weitere Namen Bärenschweif, Herzgold, Löwenschwanz, Yi Mu Cao, Marihuanilla.

BLÜTENFARBE

BLÜTEZEIT

Jan	Feb	März	April	Mai	Juni	Juli	Aug	Sept	Okt	Nov	Dez

Sumpffreund

Sumpffreund, Rau Om
Limnophila aromatica

		Höhe 20 cm	Erntezeit April bis Oktober	pflege- leicht	

Mehrjährige, wärmeliebende Pflanze aus der Familie der Braunwurzgewächse mit schmalen, am Rand gezähnten Blättern und lilablauen Rachenblüten, die aus der Blattachsel entspringen. Die ganze Pflanze duftet nach Limonen.

Herkunft Vietnam; wird aber im ganzen asiatischen Raum angebaut.

Standort Sehr hell und warm, mit hoher Luftfeuchtigkeit. Rau Om kann auch kurze Zeit im Wasser stehen oder untergetaucht weiterwachsen.

Pflege Am besten in ein Granulat setzen, im Winter nicht zu feucht halten. Nicht zu große Töpfe verwenden.

Schädlinge Wurzelläuse bei zu trockener Erde.

Vermehrung Kopfstecklinge in weiches Wasser legen.

Ernten Frische Triebe, Blätter und Blüten das ganze Jahr.

Gesundheit und Küche Blätter und Blüten würzen süßsaure Fischsuppen und Currys. Medizinisch wird die gesamte Pflanze vor allem in Vietnam zur Desinfektion von Wunden, gegen Fieber, Vergiftungen und bei Menstruationsbeschwerden verwendet.

BLÜTENFARBE

BLÜTEZEIT

Jan	Feb	März	April	Mai	Juni	Juli	Aug	Sept	Okt	Nov	Dez
						Juli	Aug	Sept			

Maibeere

Maibeere, Sibirische Blaubeere
Lonicera kamtschatica

| Höhe bis 150 cm | Erntezeit Mai bis Juni | pflege-leicht |

Mehrjähriges, frosthartes, aufrecht wachsendes Geißblattgewächs, mit kleinen hellgelb bis cremefarbenen, duftenden Blüten, die manchmal schon im März erscheinen (bis −8 °C frosttolerant). Die wohlschmeckenden Früchte reifen vor den Erdbeeren. Sie sind schwarz, länglich, etwa 2 cm groß und ähneln Heidelbeeren.

Herkunft Stammt ursprünglich aus Kamtschatka, Sibirien, Kaukasus und Nord-China.

Standort Gedeiht am besten im Halbschatten, auf feuchtem, humosem Boden. Kommt mit normaler Gartenerde zurecht.

Pflege Die Pflanzen dürfen nicht austrocknen, sonst ist bereits im Sommer mit braunen Blättern zu rechnen. Immer mehrere Sträucher pflanzen, damit eine Befruchtung gewährleistet wird. Wichtig ist ein Verjüngungsschnitt ab dem fünften Standjahr.

Schädlinge Völlig schädlingsfrei. Die Beeren werden gern von Vögeln verspeist.

Vermehrung Stecklinge im Frühjahr.

Ernten Reife Beeren im Frühjahr (nicht lange haltbar).

Gesundheit und Küche Frisch verzehren oder zu Marmelade oder Saft verarbeiten. Hoher Gehalt an Vitamin C und sekundären Inhaltstoffen.

BLÜTENFARBE

BLÜTEZEIT

| Jan | Feb | März | **April** | **Mai** | Juni | Juli | Aug | Sept | Okt | Nov | Dez |

Goji Beere

Goji Beere, Chinesische Wolfsbeere
Lycium barbarum

		Höhe bis 200 cm	Erntezeit August bis Oktober	pflege-leicht	

Frostharter, aufrechter Strauch mit überhängenden Zweigen, Dornen und schmalen graugrünen Blättern. Aus den lilablauen Blüten des Nachtschattengewächses entwickeln sich im Spätsommer kleine, orangerote Früchte.

Herkunft Nordchina. War schon vor 2000 Jahren in Asien beliebt, wird inzwischen weltweit angebaut.

Standort Sandiger, gut entwässerter Boden, verträgt auch feuchte Standorte. Zugluft meiden!

Pflege Wenig düngen, regelmäßig schneiden.

Krankheiten Blätter mit Echtem Mehltau entfernen, Pflanze treibt schnell wieder aus.

Vermehrung Grünstecklinge im Sommer, Aussaat im Herbst oder Steckhölzer im Winter.

Ernten Die Früchte im Herbst frisch verzehren oder trocknen. Wurzelrinde im Winter.

Gesundheit und Küche Die Früchte helfen bei Bluthochdruck, hohem Cholesterinspiegel, Diabetes, Schwindel, Impotenz und Wechseljahresbeschwerden. In letzter Zeit sind sie als Wellness-Beeren gefragt. Die bittere, kühlende, antibakteriell wirksame Wurzelrinde lindert Husten, senkt hohen Blutdruck und Cholesterinspiegel. Äußerlich hilft frische Rinde gegen Juckreiz, Warzen und Ekzeme.

BLÜTENFARBE

BLÜTEZEIT

Jan	Feb	März	April	Mai	Juni	Juli	Aug	Sept	Okt	Nov	Dez

Japanische Minze

Japanische Minze
Mentha arvensis var. *piperascens*

		Höhe 30 bis 50 cm	Erntezeit Juli bis September	pflege- leicht	

Die eiförmigen, behaarten Blätter dieser winterharten Minze riechen beim Berühren stark nach Pfefferminze.

Herkunft Gesamter asiatischer Raum.
Standort Sonnig bis halbschattig. Minzen gedeihen in feuchten, nährstoffreichen Böden.
Pflege Reichlich düngen und gießen. Wie alle Minzen wuchert sie leicht. Deshalb mit einem großen Topf in die Erde pflanzen. Triebe regelmäßig einkürzen.
Probleme Falscher Mehltau, Minzekäfer.
Vermehrung Stecklinge während der Wachstumszeit, Wurzelableger.

Ernten Blätter mit den Stielen, frisch und getrocknet verwenden.
Gesundheit und Küche Diese scharf aromatische und anregende Minze wirkt antibakteriell, verdauungsfördernd und krampflösend. Sie hemmt Entzündungen und fördert die Schweißbildung. Außerdem lindert sie Schmerzen und Juckreiz. In der Chinesischen Medizin ist bekannt, dass sie die inneren Organe fördert. Die Japanische Minze hilft außerdem bei Erkältungen, Halsentzündungen und Kopfschmerzen. Aus den Blättern wird ein starkes Minzöl hergestellt.

BLÜTENFARBE

BLÜTEZEIT

Jan	Feb	März	April	Mai	**Juni**	**Juli**	**Aug**	Sept	Okt	Nov	Dez

Austernpflanze

Austernpflanze
Mertensia maritima

☼	◑	Höhe bis 20 cm	Erntezeit Juni bis Oktober	anspruchs- voll	🌱

Das mehrjährige Raublattgewächs braucht bei uns wegen der fehlenden Luftfeuchte im Winter einen Winterschutz. Die röhrig-trichter-förmigen bis glockenförmigen, nickenden, blauen Blüten sitzen an endständigen, über-hängenden Trauben. Der Geschmack der Austernpflanze erinnert an Austern, Anchovis oder Pilze. Daher kommt der deutsche Name.
Herkunft Nordjapan, Insel Sachalin.
Standort Sonnig bis halbschattig, möglichst keine volle Sonne. In humose und frische Böden setzen. Auch für den Gehölzrand geeig-net.

Pflege Gleichmäßig gießen und düngen. Im Sommer Ruhezeit. Ab August nicht mehr dün-gen. Bei Kahlfrösten unbedingt abdecken.
Schädlinge Schnecken.
Vermehrung Aussaat, Stecklinge, Wurzeltei-lung im Sommer.
Ernten Frische Blätter nach Bedarf.
Küche Die frischen Blätter schmecken sehr intensiv nach Austern oder Fisch. Die Austern-pflanze passt sehr gut zu Meeresfrüchten oder nach Belieben fein gehackt auf Butterbrote und zu Quarkspeisen. Sie kann auch als Ge-müse zubereitet werden.

BLÜTENFARBE

BLÜTEZEIT

Jan	Feb	März	April	Mai	Juni	Juli	Aug	Sept	Okt	Nov	Dez

Sibirischer Winterportulak

Sibirischer Winterportulak
Montia sibirica (syn. Claytonia sibirica)

	Höhe 10 bis 20 cm	Erntezeit März bis April	pflege- leicht

Einjähriges Portulakgewächs mit herzförmigen, wintergrünen, fleischigen Blättern an langen Stielen und kleinen, hellrosaroten Blüten. Ein schöner Dauerblüher und Bodendecker für schattige Standorte, den man auch verwildern lassen kann.
Herkunft Östliches Russland und Alaska.
Standort Humose, kalkarme Böden. Wächst auch an trockenen Plätzen oder feuchten, schattigen Lagen unter Gehölzen.
Pflege Sehr widerstandsfähige Pflanze, die sich aber gerne selbst aussät. Zur Vermeidung die Blütenknospen abbrechen.

Schädlinge Wird im Frühsommer gerne von Raupen aufgesucht.
Vermehrung Aussaat von Herbst bis Frühjahr. Man kann dreimal im Jahr aussäen.
Ernten Frische Blätter und Stängel von März bis zur Blüte im April/Mai.
Gesundheit und Küche Blätter und Stängel werden frisch als Salat oder nach kurzer Garzeit als Gemüse verzehrt, sie enthalten große Mengen an Vitamin C. Blätter auf Butterbrot sind eine Delikatesse und eine gesunde Vitaminbombe für den Winter.
Weiterer Name Sibirisches Tellerkraut.

BLÜTENFARBE

BLÜTEZEIT

Jan	Feb	März	April	Mai	Juni	Juli	Aug	Sept	Okt	Nov	Dez

Murdannia

Murdannia, Ya Pak King
Murdannia loriformis

	Höhe 30 cm	Erntezeit Januar bis Dezember	pflege-leicht	

Mehrjährige, niedrigwüchsige, stiellose Pflanze mit gegenüberstehenden, saftreichen Blättern. Murdannia blüht selten.
Herkunft Fast nur in Thailand zu finden, gelegentlich in den Nachbarländern. Wird inzwischen auch industriell angebaut.
Standort Warm; humusreiche Erde. An halbschattigen Plätzen wächst die Pflanze sehr schnell; am besten in eine breite, aber nicht zu tiefe Schale pflanzen.
Pflege Sehr pflegeleichte Pflanze. Wurzeln sollten immer feucht, aber nicht nass sein.
Schädlinge Raupen und Schnecken.

Vermehrung Stecklinge im Sommer.
Ernten Frische Triebspitzen werden direkt verzehrt oder zu einem Saft verarbeitet, der täglich getrunken wird; dazu in Essig-Salz-Lösung einlegen.
Gesundheit Murdannia stimuliert das Immunsystem, hilft bei chronischer Bronchitis und entgiftet die Leber. Sie hemmt Tumore und zerstört Tumorzellen, ohne dabei zelltötend zu sein. In Thailand wurde man auf die Pflanze aufmerksam, weil ein Mönch, der an einem Darmtumor erkrankt war, durch die Einnahme des Murdannia-Saftes geheilt wurde.

BLÜTENFARBE

BLÜTEZEIT

Jan	Feb	März	April	Mai	Juni	Juli	Aug	Sept	Okt	Nov	Dez

Blüte des Schwarzkümmels

Blüte des Damaszenerkümmels

Schwarzkümmel
Nigella sativa

Höhe	Erntezeit	anspruchs-
bis 30 cm	Juli bis September	voll

Das einjährige Hahnenfußgewächs wächst aufrecht mit verzweigten Stängeln und blaugrauen Blüten. Später entwickeln sich daraus gezähnte Balgfrüchte.

Herkunft Westasien.

Standort Sonnig. Der Schwarzkümmel gedeiht in durchlässigen, humosen Gartenböden.

Pflege Gleichmäßig gießen und düngen.

Vermehrung Aussaat im Frühjahr.

Ernten Samen, sobald sie schwarzbraun werden.

Gesundheit und Küche Schwarzkümmel enthält sehr viel ätherisches und fettes Öl. Die Samen wirken günstig auf das Verdauungssystem, sie lindern Magenschmerzen, Krämpfe, Blähungen und Koliken. Die Samen sind antiseptisch und werden insbesondere zum Entwurmen genutzt. In Indien werden die Samen häufig zur Förderung der Milchbildung eingesetzt. In der Küche wird der Samen ganz oder gemahlen für Brot, Saucen, Curry, Fleisch und Fisch verwendet.

Weitere Art Der einjährige Damaszenerkümmel (*Nigella damascena*) ist eine Zierpflanze für Bauerngärten. Diese Art ist weder Heil- noch Würzpflanze.

BLÜTENFARBE

BLÜTEZEIT

Jan	Feb	März	April	Mai	Juni	Juli	Aug	Sept	Okt	Nov	Dez

Ostindisches Baumbasilikum

Ostindisches Baumbasilikum
Ocimum gratissimum

 | Höhe 80 bis 150 cm | Erntezeit Juni bis Oktober | anspruchs-voll |

Mehrjähriges, wärmeliebendes Strauchbasilikum mit großen, haarigen, dunkelgrünen Blättern. Die cremefarbenen Blüten haben zum Teil eine violett gefärbte Lippe. Sehr aromatischer Duft nach Gewürznelken oder Zimt.

Herkunft Sri Lanka und Indien (in der Ayurveda-Medizin unentbehrlich). Anbau in Westafrika und Kenia.

Standort Am besten als Kübelpflanze in durchlässiger, gut gedüngter Erde halten.

Pflege Regelmäßig düngen, nach Bedarf zurückschneiden. Bei mindestens 10 °C überwintern.

Schädlinge Anfällig für Weiße Fliege. Täglich Kartoffelscheiben auf die Erde legen und so Larven und erwachsene Tiere einfangen.

Vermehrung Aussaat im Frühjahr, Stecklinge den ganzen Sommer über.

Ernten Frische Blätter und Blüten den Sommer über, Rest der Blätter im Herbst trocknen.

Gesundheit und Küche Desinfizierende, harntreibende und schmerzstillende Wirkung. Ein bis zwei Blätter reichen zum Würzen für eine Kochportion; sehr gut zu Brathuhn, Rind- oder Lammfleisch und Rotwein. Aus den Blättern wird ätherisches Öl gewonnen.

BLÜTENFARBE

BLÜTEZEIT

Jan	Feb	März	April	Mai	Juni	Juli	Aug	Sept	Okt	Nov	Dez
						Juli	Aug	Sept			

Tulsi

Tulsi-Basilikum, Heiliges Basilikum
Ocimum tenuiflorum (syn. *Ocimum sanctum*)

	Höhe bis 50 cm	Erntezeit Mai bis November	pflege- leicht	

Der ein- oder mehrjährige Tulsi („unverg eich-lich") überzeugt mit aromatischen Blättern. Er trägt weiße, später purpurfarbene Blüten.
Herkunft Indien.
Standort Sonnig. Dieser pflegeleichte Basilikum gedeiht in nährstoffreicher, humoser Erde.
Pflege Tulsi wird am besten im Topf oder Kübel gepflegt. Er sollte immer gleichmäßig Wasser und Dünger bekommen. Die oberen Spitzen das ganze Jahr über zurückschneiden.
Schädlinge Weiße Fliege, Blattläuse, Raupen.
Vermehrung Aussaat im Frühjahr (Lichtkeimer), Stecklinge im Sommer.

Ernten Kraut ab Mai, auch zum Trocknen.
Gesundheit und Küche In der indischen Kräutermedizin wird Tulsi bei Fieber, Bronchitis, Asthma, Überanstrengung und Mundgeschwüren angewendet und ist als Tonikum bekannt. Der aus den Blättern gepresste Pflanzensaft wird auf Insektenstiche, Flechten und Hautkrankheiten gestrichen oder als Tropfen bei Ohrinfektionen eingeträufelt. In der Küche werden die Blätter zu Salaten und kalten Speisen gegeben, jedoch nicht mitgekocht.
Weitere Art Thai-Basilikum (*Ocimum basilicum* 'Thai', 'Siam Queen') mit Anisaroma.

BLÜTENFARBE

BLÜTEZEIT

Jan	Feb	März	April	Mai	Juni	Juli	Aug	Sept	Okt	Nov	Dez
						Juli	Aug	Sept			

Shiso

Shiso, Schwarznessel
Perilla frutescens

		Höhe bis 100 cm	Erntezeit Juli bis Oktober	pflege-leicht	

Die Schwarznessel wird heutzutage nur noch in Japan und China kultiviert. Im Handel sind grüne und rote Shiso-Arten erhältlich. Der Geschmack der roten Art ist intensiver.

Herkunft Indien bis Japan.

Standort Sonnig bis halbschattig. Ein gut entwässerter, humoser und nährstoffreicher Boden ist wichtig.

Pflege Reichlich gießen und düngen.

Schädlinge Blattläuse, Weiße Fliege

Vermehrung Aussaat im Frühjahr (Lichtkeimer), hohe Keimtemperatur erforderlich.

Ernten Blätter im Sommer, Samen.

Gesundheit und Küche Das ätherische Öl in den Blättern enthält Perillaldehyd und ist sehr viel süßer als Zucker und Süßstoff. Das Öl in den Samen enthält sehr viel Linolensäure. Shiso ist ein scharfes, aromatisches, wärmendes Kraut, das Krämpfe löst, die Schweißbildung anregt und bei bakteriellen Infektionen hilft. Es wirkt auch abführend, schleim- und hustenlösend. Frische oder sauer eingelegte Blätter und Samen werden zum Würzen von Sushi (roher Fisch-Snack), Bohnengerichten, Tempura (im Teigmantel frittiert) und Mixed Pickles verwendet.

BLÜTENFARBE

BLÜTEZEIT

Jan	Feb	März	April	Mai	Juni	Juli	Aug	Sept	Okt	Nov	Dez

Russischer Salbei

Russischer Salbei
Perouskia atriplicifolia

 | Höhe bis 150 cm | Erntezeit Juli bis Oktober | anspruchsvoll |

Der mehrjährige, winterharte Lippenblütler blüht wunderschön lavendelblau. Die ganzrandigen Blätter sind weißfilzig behaart und duften stark aromatisch, herb und zitronig.

Herkunft Westhimalaya.

Standort Ein sonniger und geschützter Platz ist für den Russischen Salbei ideal. Wählen Sie einen durchlässigen, trockenen und nährstoffarmen Platz.

Pflege Der Russische Salbei sollte gleichmäßig Wasser- und Nährstoffgaben bekommen. Im Frühjahr wird er jedes Jahr bodennah zurückgeschnitten. Er überwuchert gerne niedrigere Pflanzen und sollte nicht mit schwachwüchsigen Pflanzen kombiniert werden.

Vermehrung Aussaat im Frühjahr, Stecklinge im Sommer.

Ernten Blätter und Blüten nach Bedarf.

Gesundheit und Küche Der Russische Salbei ist aromatisch und anregend. Seine Blätter können, fein geschnitten, als Würze für Fleisch und Fisch verwendet werden. In Russland wird die Pflanze zum Einlegen von Gewürzen und Knoblauch verwendet, auch als Kräutertabak und zum Räuchern von Fleisch und Fisch ist sie beliebt.

BLÜTENFARBE

BLÜTEZEIT

| Jan | Feb | März | April | Mai | Juni | Juli | **Aug** | **Sept** | **Okt** | Nov | Dez |

Vietnamesischer Koriander

Vietnamesischer Koriander
Persicaria odorata (syn. *Polygonum odoratum*)

	Höhe 20 bis 40 cm	Erntezeit Mai bis Oktober	pflege- leicht	

Das ein- bis mehrjährige, nicht winterharte Knöterichgewächs ist in seiner Heimat unter dem Namen Rau Ram bekannt. Sein Aroma ist mild und intensiv korianderartig.

Herkunft Vietnam und Ostasien.

Standort Sonnig bis halbschattig, gedeiht in durchlässiger, humoser Erde.

Pflege Reichlich gießen und düngen. Der Vietnamesische Koriander kann bei uns nur im Topf oder Kübel gepflegt werden. Im Sommer an einen halbschattigen Platz auf der Terrasse stellen, den Winter über im Wintergarten oder in der Küche pflegen. Sehr schnittverträglich.

Vermehrung Nur Stecklinge ganzjährig, am besten jedes Jahr im Sommer neu vermehren. Jungen Trieb in ein Wasserglas stellen, nach einiger Zeit wachsen die ersten Wurzeln.

Ernten Frisches Kraut ab Mai nach Bedarf.

Gesundheit und Küche Der Vietnamesische Koriander enthält ätherische Öle, lindert Magen- und Darmbeschwerden und ist verdauungsfördernd. In der asiatischen Küche ist das Kraut zum Würzen von Suppen, Fleisch- und Nudelgerichten unentbehrlich. Die schmackhaften Blätter des Vietnamesischen Korianders können auch roh verzehrt werden.

BLÜTENFARBE

BLÜTEZEIT

Jan	Feb	März	April	Mai	Juni	Juli	Aug	Sept	Okt	Nov	Dez

Yerba de la Santa Maria

Yerba de la Santa Maria, Teppichverbene
Phyla nodiflora (syn. Lippia nodiflora var. nodiflora)

	Höhe 3 bis 5 cm	Erntezeit Mai bis November	pflege-leicht

Mehrjähriger, nicht winterharter, kriechender Bodendecker aus der Familie der Verbenengewächse. Er ist immergrün, extrem strapazierfähig und begehbar. Die hellrosa Blüten öffnen sich bei jeder Witterung und geben einen süßlichen Duft ab. Eine sehr gute Bienenpflanze.
Herkunft Stammt vermutlich aus Japan, ist mittlerweile auch in ganz Amerika verbreitet (turtle grass).
Standort Feuchte Erde mit Lehm und Sand.
Pflege Sehr pflegeleicht. Regelmäßig kontrollieren und bei Bedarf zurückschneiden, wächst sonst den ganzen Garten zu.

Krankheiten Bei Trockenheit bekommen die Blätter gerne Rostpilze.
Vermehrung Wurzelschösslinge von Frühjahr bis Herbst.
Ernten Frische grüne Triebe.
Gesundheit und Küche Die ganze Pflanze enthält Kaliumnitrat. In Alkohol eingelegt hilft sie bei Bronchitis und Krankheiten der Atemwege. Blätter und Blüten wirken antibakteriell und werden bei Verdauungsstörungen eingesetzt. Der frische Saft hilft bei Zahnfleischbluten.
Sorte *Phyla nodiflora* 'Summer Pearls' hat größere, dunkelrosa Blüten.

BLÜTENFARBE

BLÜTEZEIT

Jan	Feb	März	April	Mai	Juni	Juli	Aug	Sept	Okt	Nov	Dez

Jamaikathymian

Blüte des Jamaikathymians

Jamaikathymian
Coleus amboinicus (syn. *Plectranthus amboinicus*)

  | Höhe bis 40 cm | Erntezeit Juni bis Oktober | pflege-leicht |

Das mehrjährige, nicht winterharte Kraut hat sukkulente, glänzend grüne Blätter.
Herkunft Von Indien bis Malaysia und auch in der Karibik.
Standort Sonnig bis halbschattig und warm. In lockere, durchlässige und humose Erde setzen.
Pflege Sparsam gießen und wenig düngen. Keine Staunässe. Wie alle Dickblattgewächse pflegen und in einen nicht zu großen Topf setzen. Überwinterung: hell, 10 bis 20 °C.
Vermehrung Kopfstecklinge, hohe Temperaturen zum Anwachsen (20 °C) nötig.

Ernten Blätter und Blattspitzen nach Bedarf.
Küche Der milde Geschmack des Jamaikathymians erinnert an Thymian. Daher der deutsche Name. In der spanischen und westindischen Küche werden die Blätter als Salat zubereitet. In Malaysia und Indonesien werden die Blätter in Teig ausgebacken.
Weitere Sorte Der Weißbunte Jamaikathymian (*Coleus amboinicus* 'Variegata', syn. *Plectranthus amboinicus* 'Variegata') wächst etwas kleiner als die Art. Die weißrandigen Blätter bleiben ebenfalls kleiner. Die Sorte bildet Ranken, blüht meist aber nicht.

BLÜTENFARBE

BLÜTEZEIT

| Jan | Feb | März | April | Mai | Juni | Juli | Aug | Sept | Okt | Nov | Dez |

Japanischer Wasserpfeffer

Japanischer Wasserpfeffer
Polygonum hydropiper (syn. Persicaria hydropiper)

  | Höhe 40 bis 60 cm | Erntezeit Juni bis September | pflege-leicht |

Das einjährige, wärmeliebende, unempfindliche Kraut hat aufstrebende Triebe und spitze Blätter, die im Austrieb rötlich gefärbt sind. Die Blütenknospen in kräftigem Rosa erscheinen von Juli bis September.

Herkunft Östliches Asien, vor allem Japan und Taiwan, Sibirien und China.

Standort Sonnig bis halbschattig. Wächst auf jedem feuchten, humosen Gartenboden.

Pflege Keine saure Erde verwenden, feucht halten, nie austrocknen lassen.

Schädlinge Raupen, Weiße Fliege und Blattläuse können die Pflanze schädigen.

Vermehrung Aussaat im Frühjahr.

Ernten Frische Blätter, Samen im Herbst.

Gesundheit und Küche Außer der Schärfe hat Wasserpfeffer keinen Eigengeschmack. Kostet man ein Blatt, so schmeckt es im ersten Moment bitter, entwickelt aber nach kurzem Kauen eine beißend-prickelnde Schärfe. Die Samen sind noch schärfer und werden wie Pfeffer verwendet. Den Wirkstoff Polygodial findet man ebenso in der Parakresse und im Tasmanischen Pfeffer. In Japan werden Blätter und Samen für Sushi, Fisch, Suppen und Wok-Gerichte verwendet.

BLÜTENFARBE

BLÜTEZEIT

| Jan | Feb | März | April | Mai | Juni | **Juli** | **Aug** | **Sept** | Okt | Nov | Dez |

Chinesischer Rhabarber

Chinesischer Rhabarber, Kron-Rhabarber
Rheum palmatum (syn. *Rheum tanguticum*)

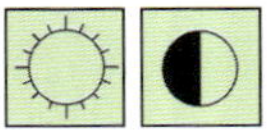

		Höhe bis 200 cm	Erntezeit August bis Oktober	pflege-leicht	

Das mehrjährige und winterharte Knöterichgewächs wird im Gegensatz zum Gemüse-Rhabarber wegen seiner Rhizome gezogen, die über medizinische Wirkung verfügen. Die Blätter und Stiele dieser Pflanze sind nicht zum Verzehr geeignet. Wegen der imposanten Wuchsform ist er auch im Ziergarten hübsch.
Herkunft China.
Standort Sonnig bis halbschattig. Ein sehr humusreicher, feuchter und tiefgründiger Boden ist wichtig.
Pflege Benötigt sehr viel Wasser und reichlich Dünger.

Schädlinge Dickmaulrüsslerlarven, bei welken Blättern sofort kontrollieren.
Vermehrung Wurzelschnittlinge.
Ernten Rhizome von mindestens dreijährigen Pflanzen im Herbst.
Gesundheit Der Chinesische Rhabarber enthält viele Gerb- und Bitterstoffe und wirkt zusammenziehend und kühlend. Er verbessert die Verdauung und wirkt abführend. Die Rhizome können dazu als Tee aufgebrüht werden. Vorsicht: Dosieren Sie den Chinesischen Rhabarber nicht zu hoch, sonst ist akuter Durchfall möglich!

BLÜTENFARBE

BLÜTEZEIT

Jan	Feb	März	April	Mai	Juni	Juli	**Aug**	**Sept**	Okt	Nov	Dez

Pilzkraut

Pilzkraut, Moku, Tani
Rungia klossi

☀	◑	Höhe 40 bis 60 cm	Erntezeit Januar bis Dezember	pflege- leicht	🪴

Die mehrjährige Pflanze mit glänzend grünen, gelb markierten Blättern und hübschen, violettblauen Blüten ist wärmeliebend, überlebt aber leichte Fröste. Die ganze Pflanze hat einen leichten bis starken Pilzgeschmack.

Herkunft Papua Neu-Guinea; inzwischen ist Pilzkraut in ganz Asien verbreitet.

Standort Sonnig bis halbschattig. Durchlässige, lehmige Erde. Sehr gut geeignet für Töpfe und Kübel.

Pflege Im Winter Staunässe vermeiden.

Schädlinge Wegen der fleischigen Blätter ist auf Blattlausbefall zu achten.

Vermehrung Stecklinge von Frühjahr bis Herbst.

Ernten Das ganze Jahr über können die Triebe geschnitten und frisch verwendet werden.

Gesundheit und Küche Die nährstoffreichen Blätter enthalten sehr viel Eisen, Calcium, Beta Carotin und Vitamine, vor allem Vitamin C, und außergewöhnlich viel Chlorophyll, deshalb dient die Pflanze der Blutreinigung und Blutbildung. Die Stängel schmecken wie Borretsch und eignen sich roh sehr gut für Salate, gekocht als Spinat, in Suppen und zu Wok-Gerichten. Bei kurzem Erhitzen erhöht sich das Pilzaroma.

BLÜTENFARBE

BLÜTEZEIT

Jan	Feb	März	April	Mai	Juni	**Juli**	**Aug**	**Sept**	**Okt**	**Nov**	**Dez**

Rotwurzel-Salbei | getrocknete Wurzel des Rotwurzel-Salbeis

Rotwurzel-Salbei, Dan Shen
Salvia miltiorrhiza

 Höhe | Erntezeit | anspruchs- |
30 bis 80 cm | Oktober bis März | voll

Diese mehrjährige Salbei-Art benötigt Winter-schutz. Die verwendeten Wurzeln sind verdickt und rötlich.
Herkunft Zentralchina, Mongolei.
Standort Sonnig. Am besten in feuchte, san-dige und tiefgründige Böden pflanzen.
Pflege Viel gießen und wenig düngen. Im Winter nicht zu häufig gießen, weil die dicken Wurzeln leicht faulen können. Die Wurzeln aus der Erde nehmen und im Winter einlagern.
Vermehrung Aussaat im Frühjahr, besser Wurzelteilung im Frühjahr.
Ernten Wurzel von Herbst bis Frühjahr.

Gesundheit und Küche Rotwurzel-Salbei ist ein bitteres, beruhigendes und kühlendes Kraut, das Blutungen stillt sowie Kreislauf und Immunsystem anregt. Außerdem senkt es den Cholesterinspiegel, fördert allgemein die Hei-lung und hemmt viele krankheitserregende Or-ganismen. Die Wurzel wird als Tee aufgekocht. Sie beseitigt übermäßige Hitze und wirkt blut-verdünnend. Ein Absud hat vorbeugende Wir-kung bei nervös veranlagten Menschen und Menschen mit Schlafproblemen, Herz-, Milz- und Lebererkrankungen. In der Traditionellen Chinesischen Medizin hochgeschätzt.

BLÜTENFARBE

BLÜTEZEIT

| Jan | Feb | März | April | Mai | Juni | Juli | Aug | Sept | Okt | Nov | Dez |

Windschutzwurzel

getrocknete Wurzeln

Windschutzwurzel, Fang Feng
Saposhnikovia divaricata
(syn. *Ledebouriella seseloides*)

		Höhe 30 bis 40 cm	Erntezeit Juli bis September	anspruchs-voll	

Die mehrjährige Windschutzwurzel benötigt in unseren Breiten einen Winterschutz. Sie bildet einen aufrechten Stamm und trägt viele, kleine Zweige. Das Kraut sieht dem Fenchel ähnlich und wird zum Kochen verwendet. Die in der Naturheilkunde verwendeten, unregelmäßig verzweigten Wurzeln sind gelblich braun.

Herkunft China.

Standort Sonnig bis halbschattig. Gedeiht in humoser, durchlässiger Erde.

Pflege Bei uns wird die Windschutzwurzel auch in Topf oder Kübel gezogen. Am besten jedes Jahr umsetzen. Gleichmäßig gießen und düngen. Überwinterung: dunkler oder heller Raum bei 5 °C, nicht gießen.

Krankheiten Rostpilze bei zu nasser Kultur.

Vermehrung Aussaat im Frühjahr, Wurzelte -lung im Herbst.

Ernten Wurzeln im Herbst, können auch getrocknet werden. Kraut im Sommer.

Gesundheit und Küche Die Wurzel enthält ätherische Öle und Saponine. Als Tee aufgebrüht, hilft sie bei Erkältungen, fiebrigen Infekten und Kopfschmerzen. Mit dem Kraut können Eintöpfe aus Fleisch und Gemüse gewürzt werden.

BLÜTENFARBE

BLÜTEZEIT

Jan	Feb	März	April	Mai	Juni	Juli	Aug	Sept	Okt	Nov	Dez

Chinesisches Spaltkölbchen

getrocknete Früchte

Chinesisches Spaltkölbchen, Wu Wei Zi
Schisandra chinensis

		Höhe bis 300 cm	Erntezeit Juli bis Oktober	pflege-leicht	

Diese mehrjährige und winterharte Kletterpflanze wird in China „Kraut der fünf Geschmacksrichtungen" genannt. Sie hat einen sauren, salzigen, leicht herben Geschmack.
Herkunft China.
Standort Sonnig bis halbschattig. Ein nährstoffreicher, feuchter Boden wird bevorzugt. Kann an Zäunen oder Mauern gezogen werden.
Pflege Reichlich gießen und düngen. Staunässe wird nicht vertragen. Zur Befruchtung sind männliche und weibliche Pflanzen notwendig. Triebe im Spätwinter ausschneiden.
Schädlinge Raupen.

Vermehrung Aussaat im Herbst (Samen über Nacht quellen lassen), Stecklinge im Sommer, Wurzelableger im Frühjahr.
Ernten Blätter im Sommer (frisch verwenden oder trocknen lassen), Rinde und Zweige im Herbst, Früchte (frisch oder getrocknet).
Gesundheit und Küche Das Spaltkölbchen stärkt Nerven und Herz. In der Chinesischen Medizin ist es als Stimulans bei Depressionen bekannt. Getrocknete Blätter können als Tee aufgebrüht werden. Rinde und Zweige enthalten ein ätherisches Öl, das nach Zitrone riecht. Aus den Früchten wird ein Tonikum zubereitet.

BLÜTENFARBE

BLÜTEZEIT

Jan	Feb	März	April	Mai	Juni	Juli	Aug	Sept	Okt	Nov	Dez

Chinesisches Helmkraut

Chinesisches Helmkraut
Scutellaria baicalensis
(syn. *Scutellaria macrantha*)

 Höhe
30 bis 70 cm

Erntezeit
Sept./Okt. und März/April

getrocknete Wurzeln

Das Chinesische Helmkraut ist mehrjährig und winterhart. Die spitzen, schmalen Blätter werden von schönen, blauen Blüten begleitet. In China wird die Wurzel Huang-Quin genannt.
Herkunft China, Japan, Korea, Mongolei; vor allem auf sonnigen Grashängen.
Standort Sonnig. Durchlässige, aber auch trockene Gartenstandorte werden gut vertragen.
Pflege Sparsam gießen, nicht düngen.
Vermehrung Aussaat im Herbst oder Frühjahr, Wurzelteilung im Frühjahr, Stecklinge im Sommer.

Ernten Wurzeln von drei- bis vierjährigen Pflanzen im Herbst oder Frühjahr, auch zum Trocknen.
Gesundheit und Küche Die Wurzeln des bitteren und beruhigend wirkenden, kühlenden Helmkrauts senken, als Tee aufgebrüht, Fieber, Blutdruck und den Cholesterinspiegel. Innerlich wird sie bei verschiedenen Darmkrankheiten und Heuschnupfen angewendet. Die Wurzeln haben außerdem eine krampflösende, leberanregende und verdauungsverbessernde Wirkung. Blutungen werden gestillt und der ganze Körper entgiftet.

BLÜTENFARBE

BLÜTEZEIT

| Jan | Feb | März | April | Mai | Juni | Juli | Aug | Sept | Okt | Nov | Dez |

Sigesbeckie

Blatt der Sigesbeckie

getrocknetes Kraut

Sigesbeckie
Sigesbeckia pubescens

  | Höhe 60 bis 120 cm | Erntezeit Juli bis September | pflege-leicht | 🌱

Der einjährige Korbblütler bildet große Blätter und dicke Stiele. Die gelben Blüten des weißfilzig behaarten Krauts sind gefüllt.
Herkunft Ostasien.
Standort Sonnig bis halbschattig. In humose, durchlässige Erde setzen.
Pflege Die Sigesbeckie benötigt im Sommer viel Dünger und reichlich Wasser.
Schädlinge Weiße Fliege, Blattläuse.
Vermehrung Aussaat im Frühjahr, Nachtfröste abwarten.
Ernten Das ganze Kraut vor oder während der Blüte; frisch oder getrocknet verwenden.

Gesundheit Die Sigesbeckie enthält biogene Alkaloide, Aminosäuren, Bitterstoffe und Saponine. Sie wird bei rheumatischen Erkrankungen, Hepatitis und Bluthochdruck angewendet. Die Sigesbeckie kann Fieber senken und entgiftet die Leber. Die ganze Pflanze wird als Tee aufgebrüht oder zu einer Tinktur verarbeitet. In der chinesischen Volksheilkunde wird die ganze Pflanze abgekocht und der Sud in der Behandlung von Malaria und anderen epidemischen Krankheiten eingesetzt. Nicht während der Schwangerschaft verwenden.
Weiterer Name Xi Xian Cao.

BLÜTENFARBE

BLÜTEZEIT

Jan	Feb	März	April	Mai	Juni	Juli	Aug	Sept	Okt	Nov	Dez
							Aug	Sept			

Balsamkraut

Balsamkraut
Tanacetum balsamita

		Höhe 50 bis 100 cm	Erntezeit Mai bis Oktober	pflege-leicht	

Das mehrjährige und winterharte Küchenkraut war früher in jedem Bauerngarten anzutreffen. Die aromatischen, grau behaarten Blätter sind der Rahmen für zarte, unauffällige, gelbweiße Blüten, die sich an langen Stängeln entwickeln. Es duftet sehr stark nach Balsam.

Herkunft Ostasien.

Standort Sonnig bis halbschattig, gut durchlässige Böden.

Pflege Regelmäßig düngen und gießen. Nicht austrocknen lassen.

Schädlinge Schnecken, absammeln.

Vermehrung Aussaat im Frühjahr, Wurzel-teilung im Herbst, Stecklinge werden vor der Blüte geschnitten.

Ernten Blätter vor und nach der Blüte, auch Blüten zum Trocknen.

Gesundheit und Küche Das Balsamkraut enthält ätherisches Öl , Bitter- und Gerbstoffe. Ein Teeaufguss wirkt krampflösend bei Verdauungsproblemen. Das Balsamkraut hilft besonders bei Menstruationsproblemen. Im Sommer kann man mit Minzen zusammen einen hervorragenden Eistee zubereiten. Es passt gut zu Geflügelspeisen, in Salate und Saucen.

Weitere Namen Marienblatt, Frauensalbei.

BLÜTENFARBE

BLÜTEZEIT

Jan	Feb	März	April	Mai	Juni	Juli	Aug	Sept	Okt	Nov	Dez

Ajowan | Samen des Ajowan

Ajowan
Trachyspermum ammi (syn. *Carum copticum*)

 | Höhe
30 bis 60 cm | Erntezeit
August bis September | anspruchs-
voll |

Das einjährige, aromatische Heilkraut trägt fiederteilige Blätter. Die weißen Blüten mit behaarter Außenseite erscheinen im Sommer an dichten Dolden, gefolgt von kleinen, scharfaromatischen, eiförmigen, zirka zwei Zentimeter langen Früchten.

Herkunft China, Indien, Nordafrika.

Standort Sonnig. Der Ajowan gedeiht in feuchten und nährstoffreichen Böden.

Pflege Gleichmäßig gießen und düngen. Wurzelballen nicht austrocknen lassen. Ajowan verträgt keine Staunässe.

Vermehrung Aussaat im Frühjahr.

Ernten Ausgereifte Samen.

Gesundheit und Küche Das bittere, aromatische und wärmende Kraut mit Thymian-Aroma wirkt stärkend, harntreibend und schleimlösend. Außerdem ist es krampflösend, verdauungsfördernd, schweißtreibend und antiseptisch. In der ayurvedischen Medizin als anregendes Kraut bekannt. Die ausgereiften Samen werden zur Ölgewinnung destilliert oder für Tees und Pulver getrocknet. In der indischen Küche werden die Samen zum Würzen pikanter Speisen, zum Beispiel von Curry, Hülsengerichten und Teiggerichten, verwendet.

BLÜTENFARBE

BLÜTEZEIT

| Jan | Feb | März | April | Mai | **Juni** | **Juli** | Aug | Sept | Okt | Nov | Dez |

Mönchspfeffer

Mönchspfeffer, Keuschlamm
Vitex agnus-castus

	Höhe	Erntezeit	pflege-	
	bis 400 cm	Juli bis November	leicht	

Der sommergrüne Strauch trägt fingerförmige, weißfilzige Blätter mit ährenartigen blauen Blüten. Die rötlich-schwarzen Früchte sind becherförmig von einem Kelch umschlossen.
Herkunft Kaukasus mit Insel Krim, Iran und Kleinasien, in Europa eingebürgert.
Standort Sonnig, warm, windgeschützt. Nährstoffreicher, feuchter und trockener Boden.
Pflege Sehr gute Kübelpflanze. Braucht in extremen Lagen Winterschutz. Im Frühjahr bis auf 3 cm zum vorjährigen Trieb zurückschneiden.
Krankheiten Rostbefall bei starker Nässe.

Vermehrung Aussaat, Stecklinge im Frühjahr.
Ernten Blätter im Sommer, Samen im Herbst.
Gesundheit und Küche Das scharfe, bittersüße Kraut reguliert die Hormonfunktionen, regt den Milchfluss an, wirkt krampflösend und schmerzstillend, z. B. bei Menstruations- und Wechseljahresbeschwerden. Bei sexueller Schwäche und Depressionen können kleine Mengen der Samen gemahlen und über Speisen gestreut werden. Sparsam damit umgehen, sonst kommt es zu einer gegenteiligen Wirkung. In China werden die trockenen Blätter zur Abwehr von Moskitos verbrannt.

BLÜTENFARBE

BLÜTEZEIT

Jan	Feb	März	April	Mai	Juni	Juli	Aug	Sept	Okt	Nov	Dez

Japanischer Meerrettich

Japanischer Meerrettich
Wasabia japonica (syn. *Eutrema wasabi*)

Höhe	Erntezeit	anspruchs-	
20 bis 40 cm	August bis Oktober	voll	

Das mehrjährige Kraut benötigt in unseren Breiten einen Winterschutz. Im Sommer bilden sich Trauben mit kleinen Blüten, auf denen gedrehte Schoten mit größeren Samen folgen.
Herkunft Japan.
Standort Halbschattig bis schattig. Ein feuchter bis nasser Boden ist ideal, am besten in klarem, fließendem Wasser.
Pflege In der Wachstumszeit sollte die Temperatur zwischen 10 und 15 °C Grad liegen. Die Wurzelstücke werden mit Steinen im fließenden Wasser gehalten.
Schädlinge Schnecken.

Vermehrung Aussaat im Frühjahr (Samen ständig feucht halten), Wurzelteilung im Frühjahr oder Herbst.
Ernten Wurzeln im Herbst des zweiten Jahres.
Gesundheit und Küche Wasabi ist ein scharfes, wärmendes und verdauungsförderndes Kraut. Die frischen, geraspelten Wurzeln werden zu Sashimi (roher Fisch) gegessen. Die zu Pulver zermahlenen Wurzeln werden zu einer blassgrünen Paste verarbeitet, mit der man Fleisch- und Fischgerichte würzt.
Weiterer Name Wasabi.

BLÜTENFARBE

BLÜTEZEIT

Jan	Feb	März	April	Mai	Juni	Juli	Aug	Sept	Okt	Nov	Dez

Japanischer Pfeffer

Japanischer Pfeffer, Sichuan-Pfeffer
Zanthoxylum piperitum

| | Höhe
bis 200 cm | Erntezeit
August bis Oktober | pflege-
leicht | |

Sommergrüner, aromatischer Strauch mit Dornen, glänzenden gefiederten Blättern, unscheinbaren gelben Blüten und roten Früchten.
Herkunft Japan, Zentral-China, vor allem in der Provinz Sichuan, Korea, Himalaya-Region.
Standort Kommt mit allen Böden zurecht.
Pflege Blattfall bei zu trockener Erde. Staunässe vermeiden. Winterschutz in rauen Lagen.
Schädlinge und Krankheiten Schildäuse bei zu trockener Luft. Totes Holz entfernen, da es anfällig für die Rotpustel-Krankheit ist.
Vermehrung Aussaat im Herbst oder Stecklinge im Spätwinter.

Ernten Rinde mindestens dreijähriger Pflanzen abschälen, Blätter und Früchte im Sommer ernten, für Absude und Extrakte trocknen.
Gesundheit und Küche Das anregende Kraut wirkt blutdrucksenkend und harntreibend, unterstützt Milz und Magen und wird innerlich bei Verdauungsstörungen in Verbindung mit Erkältung, gegen Pilze und Bakterien sowie zur örtlichen Betäubung eingesetzt. Frische Blätter, gemahlene Rinde oder Früchte würzen Suppen, Fleisch und Fisch. Charakteristisch ist der scharfe Geschmack, der ein Gefühl von Taubheit auf Lippen und Zunge bewirkt.

BLÜTENFARBE

BLÜTEZEIT

| Jan | Feb | März | **April** | **Mai** | **Juni** | Juli | Aug | Sept | Okt | Nov | Dez |

Ingwerpflanze

Ingwer
Zingiber officinale

	Höhe bis 120 cm	Erntezeit Januar bis Dezember	anspruchs- voll	

Die heilenden Wirkungen des mehrjährigen Ingwers sind bereits seit mehr als 3000 Jahren in Südostasien bekannt. Die Ingwerwurzel ruft im Mund und Magen ein Brennen und Wärmegefühl hervor. Getrocknete Wurzeln sind doppelt so scharf wie frische. Die attraktiven Blüten erscheinen in unseren Breiten nur selten.

Herkunft Tropische Gebiete Südostasiens.

Standort Sonnig bis schattig bei hoher Luftfeuchtigkeit und nährstoffreicher Erde.

Pflege Wichtig ist wenig gießen und reichlich düngen. Bei uns als Kübelpflanze ziehen. Der Wurzelballen darf nicht austrocknen. Keine Staunässe. Ältere Triebe können, sobald Ingwer neu austreibt, entfernt werden. Auch im Winter muss der Ingwer hell und warm stehen.

Vermehrung Rhizomteilung zu Beginn der Wachstumsperiode im späten Frühjahr.

Ernten Frische Rhizome während der Wachstumsperiode, zum Trocknen während der Ruhezeit ernten. Blüten, Sprosse.

Gesundheit und Küche Das süße, aromatische und wärmende Kraut enthält Scharfstoffe und ätherische Öle. Ingwer wirkt schleimlösend, schweißtreibend und verdauungsför-

BLÜTENFARBE

BLÜTEZEIT

Jan	Feb	März	April	Mai	Juni	Juli	Aug	Sept	Okt	Nov	Dez
								Sept	Okt		

getrocknete Ingwerknolle

Ingwerknollen treiben im späten Frühjahr wieder aus.

dernd. Es regt die Leberfunktion an, wirkt gegen Übelkeit und Erbrechen und gegen Husten. Die getrocknete und pulverisierte Wurzel wirkt schmerzstillend, krampflösend und kreislaufanregend. Ingwertee hilft gegen Blähungen und Verdauungsstörungen. Ingwer ist auch eines der besten Mittel gegen Übelkeit und die Symtome der See- und Reisekrankheit. Vorsicht: Ingwer sollte nicht in der Schwangerschaft eingenommen werden! In der japanischen Küche werden die frischen, jungen Rh - zome roh verzehrt. Die Ingwerwurzel hat einen charakteristischen, aromatisch-würzigen Geruch. Der Geschmack ist würzig-scharf und ruft im Mund und Magen ein Brennen und Wärmegefühl hervor. Man kann sie auch zum Kandieren in Sirup einlegen. Curry, Gemüse, Fleisch und Fisch, Suppen und Marinaden werden mit Ingwer gewürzt. Getrockneter und gemahlener Ingwer gibt Kuchen ein besonderes Aroma. Ingwer ist Bestandteil vieler Würzmischungen. Mit Ingwer kann man auch Kaffee, Tee und Liköre aromatisieren. Auch die Blüten und Sprosse können genutzt werden. Sie werden roh oder gekocht verzehrt.

Geriebene Ingwerwurzel hilft gegen Übelkeit und Erbrechen.

Amerikanische Kräuter

Aus alten indianischen Überlieferungen geht hervor, dass den amerikanischen Urvölkern bis in die Einzelheiten hinein bekannt war, wie außerordentlich sensibel und unantastbar das harmonische Gleichgewicht der gesamten Natur ist. Viele Äußerungen dieser alten Kulturen wurden in der Vergangenheit nicht ernst genommen.

Je tiefer und intensiver die Forschung vordringt, umso verblüffender sind die Erkenntnisse der Wissenschaftler. Es ist noch nicht zu spät, dass Wissen der indianischen Völker wieder aufleben zu lassen. Dazu zählen auch der Anbau und die Verwendung der hier erwähnten Kräuter, Gewürze und Heilpflanzen.

Die Erhaltung der körperlichen Gesundheit ist untrennbar mit der seelischen und geistigen Gesundheit verbunden. Das Leben im Einklang mit der Natur und dem sozialen Umfeld ist die Grundlage für ein gesundes Leben in Harmonie. Die Natur zu achten heißt auch, nur diejenigen Kräuter zu ernten, die man benötigt.

Moskitopflanze

Moskitopflanze
Agastache cana

		Höhe 50 bis 80 cm	Erntezeit Juni bis September	pflege-leicht	

Die ein- oder mehrjährige Moskitopflanze wächst aufrecht buschig und duftet angenehm mild. Die Moskitopflanze ist eine sehr schöne Staude, deren ährenartige, rosarote bis purpurfarbene Blüten auch für den Vasenschnitt geeignet sind. Sie lockt Bienen und Schmetterlinge in den Garten.

Herkunft Nordamerika (New Mexico, Texas).

Standort Sonnig bis halbschattig. Benötigt leichte, feuchte und durchlässige Böden.

Pflege Diese pflegeleichte Pflanze darf nicht austrocknen. Gießen und düngen Sie die Moskitopflanze gleichmäßig. Sie wird bei uns fast nur einjährig im Kübel gezogen. Überwinterung: Mit Laub oder Reisig abdecken.

Krankheiten und Schädlinge Falscher Mehltau, Raupen.

Vermehrung Aussaat, Wurzelteilung nach der Blüte, Stecklinge.

Ernten Blätter und Blüten werden nach Bedarf geerntet.

Küche Die Blätter der Moskitopflanze werden frisch zum Würzen von Salaten, Süßspeisen und Tees verwendet. Der Duft der herzförmigen Blätter erinnert an Orangen-Thymian.

Weiterer Name Duftnessel.

BLÜTENFARBE

BLÜTEZEIT

Jan	Feb	März	April	Mai	Juni	Juli	Aug	Sept	Okt	Nov	Dez

Anisysop

Anisysop
Agastache foeniculum (syn. *Agastache anisata, Agastache anethiodora*)

	Höhe 50 bis 80 cm	Erntezeit Juli bis September	pflege- leicht	

Der mehrjährige Lippenblütler bildet gepunktete, ovale Blätter, die stark nach Anis duften. Violettblaue Blüten an kräftigen Ähren erscheinen im Sommer; gute Bienenweide.
Herkunft Nordamerika (Illinois).
Standort Sonnig. Ein trockener und nährstoffreicher Boden ist ideal.
Pflege Gleichmäßig von unten gießen und düngen. Anisysop breitet sich gerne bei günstigen Bodenbedingungen aus. Pflanzen brauchen in ungünstigen Lagen Winterschutz.
Krankheiten und Schädlinge Mehltau; Schnecken.

Vermehrung Aussaat im Frühjahr, Wurzelteilung im Herbst, Stecklinge im Sommer.
Ernten Blätter und Blüten im Sommer frisch für Tees, Stängel und Blätter zum Trocknen vor der Blüte ernten.
Gesundheit und Küche Ein Tee aus Anisysop wirkt appetitanregend, gemütserhellend, gegen Übelkeit und Erbrechen. Frische und getrocknete Blätter verleihen den Speisen einen Anisgeschmack. Die Blätter können auch zu einem erfrischenden Tee aufgebrüht werden. Gehackte Anisysopblätter schmecken hervorragend zu Fischgerichten.

BLÜTENFARBE

BLÜTEZEIT

Jan	Feb	März	April	Mai	Juni	Juli	Aug	Sept	Okt	Nov	Dez

Lemonysop

Lemonysop
Agastache mexicana

| | Höhe
80 bis 100 cm | Erntezeit
Juni bis September | pflege-
leicht | |

Lemonysop ist eine ein- oder mehrjährige Agastachen-Art. In unseren Breiten benötigt er im Winter einen Schutz. Die Pflanze wächst aufrecht-buschig. Die ovalen bis lanzettlichen, mattgrünen Blätter sind am Rand gesägt. Schöne Schmuckstaude und Bienenfutterpflanze.
Herkunft Mexiko.
Standort Der pflegeleichte Lemonysop braucht einen sonnigen Platz mit humoser, durchlässiger und leicht feuchter Erde.
Pflege Gleichmäßig feucht halten. Wichtig ist auch eine gleichmäßige Nährstoffversorgung. Bei uns wird er fast nur einjährig gepflegt.

Mehrjährige Pflanzen brauchen in ungünstigen Lagen Winterschutz.
Schädlinge Schnecken lieben diese Pflanze.
Vermehrung Aussaat, Wurzelteilung nach der Blüte.
Ernten Blätter und Blüten nach Bedarf.
Gesundheit und Küche Ein Tee aus Lemonysop wirkt appetitanregend. Er hat einen weichen, milden und aromatischen Zitronengeschmack. In der Küche wird er frisch als Würze für Salate, Saucen, Fisch, Geflügel und Süßspeisen verwendet.
Weiterer Name Purpurmelisse.

BLÜTENFARBE

BLÜTEZEIT

| Jan | Feb | März | April | Mai | Juni | **Juli** | **Aug** | **Sept** | Okt | Nov | Dez |

Indianerknoblauch

Indianerknoblauch
Allium canadense

☀	◐	Höhe bis 30 cm	Erntezeit Juli bis September	pflege- leicht	🌱

Das mehrjährige und winterharte Lauchge-wächs bildet schmackhafte Zwiebeln. Bereits die Indianer haben damit Suppen gewürzt. Im Frühsommer erscheinen weiße oder rosa-farbene Blüten. Der Blütenschaft kann über 30 cm lang werden, die Blätter bleiben kleiner.

Herkunft Nordamerika, lichte Wälder und Prärien.

Standort Ein sonniger Platz mit lockerem, nährstoffreichem Boden ist ideal.

Pflege Reichlich gießen, der Indianerknob-lauch braucht keine zusätzlichen Düngerga-ben. Verjüngen Sie die Pflanze alle zwei bis drei Jahre durch eine Teilung des Wurzelstocks. Der Indianerknoblauch neigt zur Selbstver-mehrung mit Luftzwiebeln.

Schädlinge Zwiebelfliegen.

Vermehrung Brutzwiebeln.

Ernten Zwiebeln, bilden sich am Blütenstiel und unter der Erde.

Küche Die Zwiebeln haben ein ausgezeich-netes Aroma. Sie können eingelegt verzehrt werden. Auch als Suppenwürze und zu Salaten schmecken sie hervorragend. Die Luftzwiebeln eignen sich auch gut zum Garnieren vieler Speisen.

BLÜTENFARBE

BLÜTEZEIT

Jan	Feb	März	April	**Mai**	**Juni**	Juli	Aug	Sept	Okt	Nov	Dez

Argentinischer Minzestrauch

Argentinischer Minzestrauch
Aloysia polystacha (syn. Lippia polystacha)

| Höhe 100 bis 150 cm | Erntezeit Januar bis Dezember | pflege- leicht | |

Nicht winterhartes Verbenengewächs mit spitz zulaufenden graugrünen, aromatischen Blättern und weißen Blütchen. Riecht beim Berühren zuerst nach Kümmel, später nach Minze.
Herkunft Paraguay und Argentinien, vor allem in den Provinzen Cordoba und Mendoza.
Standort Sonnig bis halbschattig. Wächst auf allen Böden, am besten in Lehm-Sandgemisch.
Pflege Kultur wie Zitronenverbene (S. 101). Bei Trockenheit reagiert die Pflanze mit totalem Blattfall, wächst aber sofort wieder nach.
Krankheiten Im Schatten oft Mehltaubefall. In feuchten Sommern können Rostpilze auftreten.

Vermehrung Im Frühjahr durch Stecklinge oder Risslinge.
Ernten Junge Blätter das ganze Jahr.
Gesundheit Aus den Blättern wird ein ätherisches Öl gewonnen, das Carvon und Thujon enthält. Diese Wirkstoffe sind auch in den getrockneten Blättern vorhanden. Das Öl wird bei Blähungen, Verdauungsproblemen, Leber- und Magenerkrankungen sowie als Stärkungsmittel genommen. Es wirkt stark antidepressiv; eignet sich auch zum Aromatisieren von Mate-Tee.
Weitere Art Ninarupastrauch *(Aloysia gratissima)* hat ein herbes Minzearoma.

BLÜTENFARBE

BLÜTEZEIT

| Jan | Feb | März | April | Mai | Juni | Juli | Aug | Sept | Okt | Nov | Dez |

Zitronenverbene

Zitronenverbene, Zitronenstrauch
Aloysia triphylla (syn. Aloysia citriodora, Lippia citriodora)

 | Höhe bis 250 cm | Erntezeit Juni bis Oktober | pflegeleicht |

Der sehr frostempfindliche Strauch wird bei uns als Kübelpflanze gepflegt. Er duftet stärker und intensiver nach Zitrone als der Zitronenbaum. Zierliche, weiße, duftende Blüten bilden sich in endständigen Rispen.

Herkunft Südamerika.

Standort Sonnig, im Sommer wird ein windgeschützter Platz benötigt. Im Winter Blätter entfernen und in einem dunklen Keller oder im hellen Wintergarten bei 5 °C überwintern.

Pflege Gleichmäßig feucht halten und regelmäßig düngen. Im Sommer als Kübelpflanze ziehen. Triebe jedes Jahr um die Hälfte kürzen.

Schädlinge Weiße Fliege, in trockenen Sommern Rote Spinne.

Vermehrung Ganzjährig Stecklinge.

Ernten Blätter und Blüten in der Wachstumszeit; auch zum Trocknen.

Gesundheit und Küche Zitronenverbenen wirken beruhigend, stoffwechselanregend. Man kann einen entspannenden Tee zubereiten und sie zum Aromatisieren und Würzen verwenden. Auch für Kräuterkissen und aromatische Essige und Öle geeignet. Schmeckt hervorragend zu Fischgerichten.

Weiterer Name Verveine.

BLÜTENFARBE

BLÜTEZEIT

| Jan | Feb | März | April | Mai | Juni | Juli | Aug | Sept | Okt | Nov | Dez |

Amarant

Amarant
Amaranthus hypochondriacus
(Amaranthus lividus, Amaranthus blitum, Amaranthus retroflexus)

 | Höhe bis 100 cm | Erntezeit Juli bis Oktober | pflege-leicht

Das einjährige Fuchsschwanzgewächs ist in Nord- und Südamerika seit vielen Jahren als Gemüse und Getreide bekannt. Meist hat diese Fuchsschwanz-Art dicke Stängel, dunkelgrüne, eiförmige, gelegentlich rötlich überlaufene Blätter und gelbe bis dunkelgrüne Blüten, die in Rispen erscheinen.
Herkunft Nord- und Südamerika.
Standort Sonnig. Amarant kommt mit jedem Boden zurecht.
Pflege In der Wachstumsphase braucht Amarant sehr viel Wasser und Dünger. Vermehrt sich leicht durch Selbstaussaat.

Vermehren Aussaat im Frühjahr.
Ernten Blätter nach Bedarf, auch zum Trocknen, reife Samen.
Gesundheit und Küche Amarant enthält kein Gluten und ist sehr mineralstoffreich. Die frischen Blätter verzehrt man bei Durchfall und starker Menstruation. Getrocknet können sie als Tee aufgebrüht werden. Häufiger Verzehr von Amarant verzögert den Alterungsprozess und erhöht die Leistungsfähigkeit, auch Schlafstörungen treten seltener auf. Die Blätter können wie Gemüse zubereitet werden, die reifen Samen wie Getreide verarbeitet werden.

BLÜTENFARBE

BLÜTEZEIT

| Jan | Feb | März | April | Mai | Juni | Juli | Aug | Sept | Okt | Nov | Dez |

Peru- Portulak

Peru-Portulak, Madeirawein
Anredera cordifolia

| | Höhe bis 300 cm | Erntezeit Januar bis Dezember | pflege-leicht | |

Mehrjährige, nicht winterharte Kletterpflanze aus der Familie der Seidenpflanzen. Sie hat spinatähnliche, sehr fleischige, ledrig glänzende Blätter und weiße, lange dicht besetzte Rispenblüten, die stark nach Honig duften.
Herkunft Paraguay, südliches Brasilien und nördliches Argentinien.
Standort Sonnig bis halbschattig. Nährstoffreicher, humoser, sandiger, mit Lehm versetzter Boden.
Pflege Regelmäßiges Gießen und Düngen ist sehr wichtig, um die Blütenbildung zu fördern. Knollen frostfrei, kühl und trocken überwintern.

Krankheiten Bei zu feuchter Lagerung der Knollen kann es zu einem Totalausfall kommen.
Vermehrung Pflanzung der Brutknollen im Frühjahr (mit Erde abdecken), Stecklinge das ganze Jahr über.
Ernten Junge Blätter frisch ernten; Knollen im Herbst ernten und im Keller kühl und trocken lagern.
Küche Die Blätter können wie Spinat oder Salat, die Knollen wie Kartoffeln zubereitet werden. Sie bilden beim Kochen ein etwas klebriges Sekret aus; sein Geschmack erinnert an Maronen.
Weiterer Name Basellkartoffel.

BLÜTENFARBE

BLÜTEZEIT

| Jan | Feb | März | April | Mai | Juni | Juli | Aug | Sept | Okt | Nov | Dez |

Amerikanische Narde

Amerikanische Narde
Aralia racemosa

Höhe bis 150 cm	Erntezeit September bis November	pflege-leicht

Mehrjährige, winterharte, volkstümliche Indianerpflanze, dort als Berg-Angelika bekannt. Dunkelgrüne, gefiederte Blätter, grünlichweiße Blütendolden, später rundliche, dunkelrote Beeren. Der knollenartige, verästelte Wurzelstock ist wohlriechend. In seinem schwammigen Gewebe befindet sich ein gelblicher Milchsaft.

Herkunft Waldige Berge Nordamerikas, vom mittleren Kanada bis Virginia.

Standort Sonnig bis halbschattig. Nährstoffreicher feuchter Boden, am besten im Unterholz von Laubbäumen.

Pflege Die Pflanze sollte nie ganz austrocknen. Als Schutz vor Austrocknung im Winter mit einer Laubschicht bedecken.

Schädlinge Schnecken und Mäuse.

Vermehrung Aussaat oder Wurzelteilung im Frühjahr.

Ernten Wurzel im Herbst ausgraben und frisch verwenden. Für Aufgüsse und Breiumschläge trocknen.

Gesundheit Bei Erkältungskrankheiten, Husten, Asthma, Bronchialkatarrh, Rheuma, Gicht und entzündlichen Geschwüren. Umschläge fördern die Heilung gebrochener Gliedmaßen.

BLÜTENFARBE

BLÜTEZEIT

| Jan | Feb | März | April | Mai | Juni | Juli | **Aug** | **Sept** | Okt | Nov | Dez |

Amerikanische Arnika

Amerikanische Arnika
Arnica chamissonis (syn. *Arnica foliosa*)

	Höhe bis 60 cm	Erntezeit Juni bis August	pflege- leicht	

Die mehrjährige, winterharte Verwandte der bei uns heimischen Berg-Arnika bildet eine grundständige Rosette mit länglichen, spitzen Blättern. Die gelben Korbblüten wachsen an langen Stielen.

Herkunft Nordamerika.

Standort Sonnig. Wächst in der Natur auf ungedüngten, lichten Waldwiesen. Gedeiht in humosen, sandigen oder torfigen, auch leicht alkalischen Böden.

Pflege Regelmäßig gießen, nicht düngen Im Gegensatz zur Berg-Arnika ist diese Art völlig problemlos zu ziehen.

Vermehrung Aussaat im Frühjahr, Wurzelteilung im Herbst.

Ernten Blüten sammeln, rasch in der Sonne trocknen lassen.

Gesundheit Die Amerikanische Arnika enthält den Bitterstoff Arnicin, ätherisches Öl und Gerbstoffe. Der Arnikageist, aus den Blüten hergestellt, kann zum Einreiben bei rheumatischen Beschwerden, Hexenschuss, Prellungen, Blutergüssen, Muskelkater und Verstauchungen verwendet werden. Innerlich sollte der Arnikageist nur sehr sparsam bei Immunschwäche verwendet werden.

BLÜTENFARBE

BLÜTEZEIT

Jan	Feb	März	April	Mai	Juni	Juli	Aug	Sept	Okt	Nov	Dez
						Juli	Aug				

Knollige Schwalbenwurz

Knollige Schwalbenwurz
Asclepias tuberosa

☀	◑	Höhe bis 100 cm	Erntezeit September bis Oktober	anspruchs- voll	🌱

Das mehrjährige Seidenpflanzengewächs ist in unseren Breiten nur an sehr trockenen Standorten winterhart. Sie wächst aufrecht mit schmalen Blättern und Blütenständen mit zahlreichen gelben oder orangefarbenen Blüten. Attraktive Zierpflanze.
Herkunft Nordamerika; an Wegrändern.
Standort Sonnig bis halbschattig. Trockene, sandige und neutrale bis saure Böden sind ideal.
Pflege Gleichmäßig gießen.
Krankheiten Mosaikvirus, daher nicht in die Nähe von Gurken setzen.

Vermehrung Aussaat im Frühjahr (über 15 °C), Stecklinge vor der Blüte schneiden.
Ernten Wurzeln im Herbst ausgraben.
Gesundheit Die getrockneten Wurzeln können für Salben und Tinkturen verwendet werden. In der nordamerikanischen Kräutermedizin galt die Pflanze als Allheilmittel bei Lungen- und Brustfellentzündung und schwerer chronischer Bronchitis. Die Wurzel dient aber auch als Brechmittel. Dazu stellt man einen alkoholischen Auszug her. Als Tee sollte man die Pflanze nicht verwenden. Von einer Selbstmedikation ist abzuraten.

BLÜTENFARBE

BLÜTEZEIT

Jan	Feb	März	April	Mai	Juni	Juli	Aug	Sept	Okt	Nov	Dez

Schokoladenblume

Schokoladenblume
Berlandiera lyrata

	Höhe	Erntezeit	pflege-
	30 bis 60 cm	Juni bis September	leicht

Die langen, braunen Staubgefäße der mehrjährigen Schokoladenblume geben ab den Vormittagsstunden einen ausgeprägten Schokoladenduft ab, der nach sechs Stunden wieder verfliegt.

Herkunft Kalifornien.

Standort Sonnig an einem geschützten Platz. Die Schokoladenblume wird am besten im Kübel im Wintergarten gezogen. In eine durchlässige, am besten mit Sand vermischte Erde pflanzen.

Pflege Wenig gießen und reichlich düngen. Die Schokoladenblume reagiert empfindlich auf Staunässe. Topfboden mit Tonscherben, Sand oder Steinen zur Dränage auffüllen.Überwinterung: hell, bei 5 bis 10 °C. Die Pflanze zieht ein und treibt im Frühjahr wieder aus.

Schädlinge Weiße Fliege

Vermehrung Aussaat im Frühjahr, Samen im Gewächshaus oder auf der Fensterbank vorziehen, Stecklinge vor der Blüte.

Ernten Blüten im Sommer

Küche Die Schokoladenblume enthält ätherische Öle. Sie ist eine interessante Duftpflanze mit intensivem Schokoladenaroma und essbaren Blüten.

BLÜTENFARBE

BLÜTEZEIT

| Jan | Feb | März | April | Mai | **Juni** | **Juli** | **Aug** | **Sept** | Okt | Nov | Dez |

Essbares Blumenrohr

Essbares Blumenrohr, Achira
Canna edulis

| ☀ | Höhe bis 200 cm | Erntezeit Oktober bis November | pflege-leicht | 🪴 |

Mehrjährige, wärmeliebende Pflanze mit stark verzweigten Rhizomen. Aus den leuchtend roten, endständigen Blüten entwickeln sich weich-stachelige Früchte. Die Samen werden für Halsketten, kultische Zwecke und Samba-Rasseln verwendet. Jeder Samen hat die gleiche Größe und das gleiche Gewicht.

Herkunft Südamerika. Wird als Nutzpflanze im ganzen pazifischen Raum sowie in Australien und den Westindischen Inseln angebaut.

Standort Sonnig. Leichter, sandiger Boden.

Pflege Bei uns nur als Kübelpflanze. Rhizome im Keller überwintern.

Krankheiten Bei Nässe faulen die Knollen.

Vermehrung Aussaat oder Rhizomteilung im Frühjahr.

Ernten Rhizome im Herbst vor der Überwinterung ausgraben und trocken lagern.

Gesundheit und Küche Die stärkehaltigen Rhizome können roh oder gekocht wie Kartoffeln verzehrt werden. Die Stärke ist leicht verdaulich und für Kranken- und Kindernahrung geeignet. Die Volksheilkunde empfiehlt sie bei Harnblasenentzündungen. Die Blätter werden gerne zu Viehfutter verarbeitet und in der Farbstoffgewinnung verwendet.

BLÜTENFARBE

BLÜTEZEIT

| Jan | Feb | März | April | Mai | Juni | Juli | **Aug** | **Sept** | Okt | Nov | Dez |

Traubenkraut

Blüten des Traubenkrauts

Traubenkraut, Mexikanischer Tee
Chenopodium ambrosoides var. *ambrosoides*

	Höhe bis 150 cm	Erntezeit Juli bis September	pflege-leicht	

Das Traubenkraut ist ein einjähriges, manchmal auch ausdauerndes, aromatisches Kraut. Die kleinen Blüten erscheinen in den Blattachseln und duften feinherb nach Zitrone.
Herkunft Mexiko, Guatemala.
Standort Ein sonniger und geschützter Standort ist ideal. Humose Erde.
Pflege Mäßig feucht halten. Frostfrei überwintern.
Schädlinge Spinnmilben
Vermehrung Aussaat im Frühjahr im Gewächshaus oder ab Mai direkt ins Beet.
Ernten Blätter, Blüten.

Gesundheit und Küche Wirkt appetitanregend und verdauungsfördernd. Ein Tee aus den Blättern und Blüten hilft gegen verschiedene Beschwerden im Magen- und Darmbereich. In der mexikanischen Küche wird es vor allem als Würzkraut bei Bohnengerichten verwendet. Wird in Mittelamerika dem Dünger beigemischt, um das Schlüpfen von Moskitolarven zu verhindern.
Weitere Art Das Wurmkraut (*Chenopodium ambrosoides* var. *anthelminticum*) hat ganz kleine Blätter und traubenförmige Samen. Vorsicht: Die Samen sind unerhitzt giftig.

BLÜTENFARBE

BLÜTEZEIT

Jan	Feb	März	April	Mai	Juni	**Juli**	**Aug**	Sept	Okt	Nov	Dez

Mexikanische Orangenblume

Mexikanische Orangenblume
Choisya ternata

		Höhe 100 bis 300 cm	Erntezeit Januar bis Dezember	pflege-leicht	

Nicht ganz frostharte, immergrüne Teepflanze mit dreiteiligen, glänzend grünen, duftenden Blättern und stark duftenden Blüten.

Herkunft Südwestliches Mexiko und südliches Nordamerika.

Standort Sonnig bis halbschattig. In Weinbaugebieten kann die Pflanze im Winter an einem geschützten Platz draußen stehen, besser aber in einem kalten Wintergarten.

Pflege Durchlässige, mit Sand vermischte Erde, sollte das ganze Jahr nie ganz austrocknen. Verjüngungsschnitt im Frühjahr bringt besseren Blütenansatz.

Schädlinge Rote Spinne während langer Trockenperioden, im Sommer Schnecken.

Vermehrung Im Frühjahr durch Samen oder besser durch krautige Stecklinge (benötigen sehr warmen Fuß).

Ernten Blätter und Blüten können das ganze Jahr über gesammelt und getrocknet werden.

Küche Die duftenden Blüten und Blätter werden für Tee verwendet. In Mexiko würzen die Blätter typisch mexikanische Gerichte.

Weitere Sorte: 'Sundance' hat gelbe Blätter, die bei starker Sonneneinstrahlung grün ausbleichen.

BLÜTENFARBE

BLÜTEZEIT

Jan	*Feb*	*März*	*April*	*Mai*	*Juni*	*Juli*	*Aug*	*Sept*	*Okt*	*Nov*	*Dez*

Silberkerze

Trauben-Silberkerze
Cimicifuga racemosa

	Höhe bis 150 cm	Erntezeit September bis November	anspruchs-voll

Die weißen Blüten der winterharten Staude riechen intensiv. Unterirdisch bildet die Silberkerze einen kräftigen, knotigen, schwarzer Wurzelstock.

Herkunft Kanada, Nordamerika.

Standort Halbschattig. In feuchte, humusreiche Böden setzen.

Pflege Erde möglichst gleichmäßig feucht halten und regelmäßig düngen.

Vermehrung Aussaat im Herbst, Wurzelteilung oder Stecklinge im Sommer.

Ernten Dreijährige Rhizome im Herbst, frisch oder getrocknet.

Gesundheit Die ausgegrabenen Rhizome können frisch zu Tinkturen, getrocknet zu Absuden, Flüssigextrakten oder Tinkturen verarbeitet werden. Die Wurzel enthält östrogenähnliche Substanzen. Die Trauben-Silberkerze ist ein bitteres, wohltuendes, schmerzlinderndes und fiebersenkendes Kraut. Nordamerikanische Indianer wendeten die Pflanze gegen unregelmäßige Menstruation und zur Linderung der Geburtsschmerzen an. Vorsicht bei Selbstmedikation: Überdosierungen sind leicht möglich. Nicht bei Schwangerschaft und über längere Zeit anwenden.

BLÜTENFARBE

BLÜTEZEIT

| Jan | Feb | März | April | Mai | Juni | Juli | **Aug** | **Sept** | Okt | Nov | Dez |

Roter Sonnenhut

Roter Sonnenhut, Igelkopf
Echinacea purpurea

Höhe	Erntezeit	pflege-
60 bis 100 cm	Juli bis September	leicht

Die attraktiven Korbblüten dieser winterharten Staude sind rosa- bis purpurfarben. Der Sonnenhut kann auch als Zierpflanze in Bauerngärten und bunten Staudenbeeten gepflanzt werden.

Herkunft Nordamerika.

Standort Der Sonnenhut liebt es sonnig und gedeiht auf jedem Gartenboden.

Pflege Wenig gießen und düngen.

Vermehrung Aussaat im Frühjahr, Wurzelteilung im Frühjahr oder Herbst.

Ernten Kraut vor der Blüte, Wurzeln im Herbst oder Frühjahr.

Gesundheit Die Blüten des Roten Sonnenhuts wirken entzündungshemmend und regen das Immunsystem an. Ein Blütentee unterstützt die Abwehrkräfte bei Erkältungskrankheiten. Die zu Brei gequetschten Blätter und Wurzeln können bei schlecht heilenden, oberflächlichen Wunden helfen.

Weitere Arten Der Schmalblättrige Sonnenhut (*Echinacea angustifolia*) ist winterhart und mehrjährig, mit schmaleren Blättern und hängenden Blütenblättern. Er blüht wunderschön in Rosa bis Purpur. Seine heilkräftige Wirkung ist am stärksten.

BLÜTENFARBE

BLÜTEZEIT

Jan	Feb	März	April	Mai	Juni	Juli	Aug	Sept	Okt	Nov	Dez

Mexikanischer Koriander

Mexikanischer Koriander
Eryngium foetidum

		Höhe	Erntezeit	anspruchs-	
		20 bis 50 cm	Juli bis September	voll	

Der mehrjährige, nicht winterharte Dolden-
blütler trägt stachelig gezähnte, immergrüne
Blätter. Im Sommer erscheinen hellgrüne Blü-
ten.
Herkunft Mexiko, Karibik
Standort Sonnig bis halbschattig, warm.
Feuchte, humose Böden werden bevorzugt.
Pflege Ständig leicht feucht halten, Wurzel-
ballen nicht austrocknen lassen. Blüten sofort
entfernen, dann werden mehr Blätter gebildet.
Überwinterung: hell, bei 10 °C.
Vermehrung Aussaat im Frühjahr (Keimtem-
peratur zirka 20 °C), Wurzelteilung im Herbst.

Ernten Blüten und Blätter zum Trocknen,
Wurzeln.
Gesundheit und Küche Der Mexikanische
Koriander ist ein scharfes, aromatisch schmeckendes Kraut, das Fieber senkt, Krämpfe löst
und der Verdauung hilft. In der Karibik wird die
ganze Pflanze bei hohem Blutdruck, Fieber und
Erkältungen als Tee aufgebrüht. Die Blätter
schmecken wie Koriander, aber milder und aromatischer. Blüten und Blätter werden nach
dem Trocknen zu Pulver weiterverarbeitet. Mit
dem Mexikanischen Koriander werden Suppen,
Reis und Fisch sehr sparsam gewürzt.

BLÜTENFARBE

BLÜTEZEIT

Jan	Feb	März	April	Mai	Juni	Juli	Aug	Sept	Okt	Nov	Dez

Jamaika-Minzestrauch

Jamaika-Minzestrauch
Hedeoma viminea

| | | Höhe bis 100 cm | Erntezeit Januar bis Dezember | anspruchs-voll | |

Mehrjähriger, wärmeverträglicher Strauch mit kleinen, rundlichen Blättern und röhrigen Blüten. Verströmt ein einzigartiges Minze-Aroma.
Herkunft Stammt vermutlich ursprünglich aus der Karibik, ist inzwischen aber im Süden Nordamerikas und in Mittelamerika verbreitet.
Standort Sonnig bis halbschattig, hell.
Pflege Kies oder Tonscherben in die Töpfe geben, mit sehr durchlässigem Substrat auffüllen. Nur mit kalkfreiem Wasser gießen, Staunässe vermeiden. Verträgt das ganze Jahr leichten Rückschnitt. Im Winter hell und nicht zu kalt stellen, vor direkter Sonne schützen.

Schädlinge Bei trockener Raumluft, vor allem im Winter, sehr schnell mit Schmierläusen befallen, im Sommer mit Weißer Fliege.
Vermehrung Stecklinge von Frühjahr bis Sommer, die jedoch sehr schwer bewurzeln.
Ernten Blätter und Zweige das ganze Jahr.
Gesundheit Als Tee bei Magenbeschwerden und Appetitmangel. Blätter und Zweige werden getrocknet und zu Räucherstäbchen verarbeitet. Das ätherische Öl wird in moskitoreichen Gebieten in Sprays verwendet. In Alkohol angesetzt wird es für die Durchblutung und als Kälteschutz äußerlich aufgetragen.

BLÜTENFARBE

BLÜTEZEIT

| Jan | Feb | März | April | Mai | Juni | **Juli** | **Aug** | **Sept** | Okt | Nov | Dez |

Vanilleblume

Vanilleblume
Heliotropium arborescens

| | Höhe bis 80 cm | Erntezeit Juni bis Oktober | pflege-leicht | |

Die stark nach Vanille duftenden Blüten erscheinen in Büscheln. Die offenen Blüten folgen dem Stand der Sonne. Die frostempfindliche Vanilleblume ist auch eine sehr schöne Duftpflanze für Sommerblumenbeete, Einfassungen, Töpfe und Wintergärten.
Herkunft Peru.
Standort Sonnig. Nährstoffreiche und humose Böden werden bevorzugt.
Pflege In der Blütezeit viel Wasser geben und regelmäßig düngen. Überwinterung: frostfrei und hell. Nur noch wenig gießen und düngen.
Schädlinge Weiße Fliege.

Vermehrung Kopfstecklinge von Frühjahr bis Herbst.
Ernten Blüten von Juni bis in den Herbst.
Gesundheit und Küche Die Vanilleblume enthält ätherische Öle, die zur Herstellung von Potpourris und Parfüms verwendet werden. In der griechischen Volksheilkunde wurde die Tinktur aus den Blüten gegen rauen Hals angewendet. In der Küche wird die Vanilleblume zum Aromatisieren von Fruchtspeisen verwendet.
Weitere Sorte 'Alba' schmückt sich mit reinweißen Blüten, die in Büscheln erscheinen.

BLÜTENFARBE

BLÜTEZEIT

| Jan | Feb | März | April | Mai | Juni | Juli | Aug | Sept | Okt | Nov | Dez |

Duftendes Mariengras

Duftendes Mariengras, Vanillegras
Hierochloe odorata

| | Höhe 20 bis 50 cm | Erntezeit Juni bis September | pflege-leicht | |

Die aromatisch duftende, mit dünnen, kriechenden Rhizomen wachsende Pflanze bildet dichte Horste. Früher wurde sie bei Hochzeiten vor die Kirchentür gestreut.

Herkunft Nordamerika. Auch in Europa und Asien heimisch.

Standort Sonnig bis halbschattig. Feuchte, magere Böden sind erwünscht. In der Natur wächst das Duftende Mariengras an Flussufern.

Pflege Stets feucht halten, nicht düngen. Kann auch im Topf gezogen werden. Das Gras wuchert gerne. Frostfrei überwintern.

Vermehrung Aussaat im Frühjahr, Wurzelausläufer ganzjährig.

Ernten Ganze Pflanze mit Wurzeln, auch zum Trocknen geeignet.

Gesundheit und Küche Das Mariengras kann bei Erkältungen, als erfrischender Tee und auch zum Räuchern verwendet werden. Die ganze Pflanze ist zum Aromatisieren von Likören, für Auszüge für Süßigkeiten und Getränke und zur Parfümierung von Kleidung geeignet. Erst beim Trocknen entsteht das intensive Cumarinaroma, das dem Duftenden Mariengras den Waldmeisterduft verleiht.

BLÜTENFARBE

BLÜTEZEIT

| Jan | Feb | März | April | Mai | Juni | Juli | Aug | Sept | Okt | Nov | Dez |

Mateteestrauch

Mateteestrauch
Ilex paraguariensis

	Höhe bis 500 cm	Erntezeit April bis Oktober	anspruchs- voll	

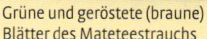
Grüne und geröstete (braune)
Blätter des Mateteestrauchs

Der anspruchsvolle, frostempfindliche Mateteestrauch wächst als immergrüner Strauch
oder Busch.

Herkunft Paraguay, Brasilien (Subtropen).

Standort Sonnig bis halbschattig. Gedeiht in
feuchten, gut durchlässigen, auch lehmigen
Böden.

Pflege Regelmäßig gießen und düngen. Verträgt keine Staunässe. Ganzjährig gleiche Kul-
turtemperaturen sind wichtig, nicht unter 5 °C
halten. Kann bei uns nur im Kübel gezogen
werden. Höchstens alle 5 Jahre umtopfen.
Überwinterung: hell, bei 5 bis 10 °C.

Schädlinge Spinnmilben.

Vermehrung Aussaat in der Natur, in Kultur
mit Stecklingen (sehr schwierig).

Ernten Blätter, auch vor und nach der Blüte.

Gesundheit und Küche Die großen Blätter
werden über Holzfeuer geröstet und dann zerkleinert in Stoffsäckchen gelagert. Nach einem
Jahr kann daraus der in Südamerika beliebte
Mate-Tee aufgebrüht werden. Er enthält Kof-
fein und viele Gerbstoffe. Das Kraut wirkt
schmerzlindernd und harntreibend, löst Krämpfe und reinigt den Körper. Der Tee aus dem
Mateteestrauch ist ein leichtes Abführmittel.

BLÜTENFARBE

BLÜTEZEIT

Jan	Feb	März	April	Mai	Juni	Juli	Aug	Sept	Okt	Nov	Dez

Stern der Azteken

Stern der Azteken
Juanulloa aurantiaca

| ☀ | ◐ | Höhe 100 bis 200 cm | anspruchs-voll | 🪴 |

Mehrjähriger, wärmeliebender, aufrecht wachsender Strauch mit ledrigen Blättern und trichterförmigen, orangefarbenen Blüten. Wächst als epiphytisches Nachtschattengewächs auf Bäumen, bei uns in der Regel nur als Kübelpflanze.
Herkunft Peru, Kolumbien, Mittelamerika.
Standort Am besten vor einer weißen, Wärme abstrahlenden Wand. Vor Regen schützen.
Pflege Mit durchlässigem Material oder Lava vermischte Erde. In der Blütezeit reichlich düngen. Bei mindestens 10 °C überwintern. Je wärmer die Pflanze im Winter steht, desto mehr Blüten trägt sie im folgenden Sommer.

Schädlinge In trockenen Überwinterungsräumen kommt es schnell zu einem Befall mit Schildläusen und Spinnmilben.
Vermehrung Stecklinge im Frühling oder Sommer.
Verwendung Die medizinische Wirksamkeit ist noch zu wenig bekannt. *Juanulloa* enthält die Glykoside Parquin und Carboxyparquin, die in größeren Mengen zu Nieren- und Leberschäden führen können. Die exotische Blütenpflanze wird nur als Zierpflanze verwendet.
Weitere Namen Guacamayastrauch, Don-Juan-Pflanze.

BLÜTENFARBE

BLÜTEZEIT

| Jan | Feb | März | April | Mai | **Juni** | **Juli** | **Aug** | **Sept** | **Okt** | Nov | Dez |

Maca

Maca, Peruanischer Ginseng
Lepidium peruvianum (syn. *Lepidium meyenii*)

	Höhe	Erntezeit	anspruchs-
	10 bis 30 cm	Juni bis September	voll

Ein- bis mehrjähriger, winterharter Kreuzblütler mit unscheinbaren Blüten. Die gezackten, tief gebuchteten Blätter sitzen auf einem dickfleischigen Stiel und bilden zur Rübe hin eine Rosette. Die Knollen sind je nach Reife weißgelb bis dunkelrot gefärbt.
Herkunft Anden, von Chile bis Kolumbien in Höhen bis 4000 m.
Standort Nahrhafte, nicht zu trockene Böden in möglichst sonniger Lage.
Pflege Gleichmäßig feucht, aber nicht zu nass halten. Im Winter leicht abdecken.
Schädlinge Knollen vor Nagetieren schützen.

Vermehrung Aussaat im Frühjahr.
Ernten Die Knolle kann ab Sommer geerntet werden, dabei das Kraut an der Rübe lassen.
Gesundheit und Küche Maca wird roh gegessen oder ausgepresst und mit Fruchtsäften vermischt getrunken. Die getrocknete Knolle wird in Alkohol eingelegt, pulverisiert in Kuchen verbacken oder zum Brauen eines aphrodisierenden Bieres verwendet, Maca chicha. Die Knolle wirkt blutdrucksenkend, potenz- und lustfördernd, stärkt die geistige und körperliche Leistungsfähigkeit und erhöht sowohl Hormonproduktion als auch Muskelaufbau.

BLÜTENFARBE

BLÜTEZEIT

Jan	Feb	März	April	Mai	Juni	Juli	Aug	Sept	Okt	Nov	Dez

Anisverbene

Anisverbene
Lippia alba (syn. Phyla alba)

☀	◑	Höhe bis 150 cm	Erntezeit Januar bis Oktober	anspruchs- voll	🌱

Wärmeliebendes Eisenkrautgewächs, das stark nach Anis duftet. Die länglichen Blätter haben eine raue Oberfläche, an den Blattachseln wachsen büschelweise Blüten.

Herkunft Mittelamerika bis Brasilien.

Standort Sonnig bis halbschattig. Durchlässiges, grobkörniges Substrat.

Pflege Staunässe vermeiden. Kann bis ins ältere Holz gekürzt werden. Überwinterung bei mindestens 10 °C.

Schädlinge Pflanzen vorbeugend gegen Spinnmilben und Weiße Fliege mit einer Mischung aus lauwarmem Wasser und Bier ansprühen. Gegen Weiße Fliegen Kartoffelscheiben auf die Erde legen (täglich einsammeln).

Vermehrung Frühjahr bis Frühsommer durch Stecklinge.

Ernten Das ganze Jahr über frische Blätter verwenden, den Rest vor dem Winterschnitt ernten und trocknen.

Gesundheit Gute Teepflanze mit hohem Anteil an ätherischem Öl. Wirkt schleimlösend, verdauungsfördernd krampflösend, beruhigend und schlaffördernd. In Brasilien werden die zerkleinerten Blätter frisch oder getrocknet auf äußerliche Schmerzpunkte gelegt.

BLÜTENFARBE

BLÜTEZEIT

Jan	Feb	März	April	Mai	Juni	Juli	Aug	Sept	Okt	Nov	Dez

Aztekisches Süßkraut

Aztekisches Süßkraut
Lippia dulcis

| ☀ | Höhe 20 bis 30 cm | Erntezeit Januar bis Dezember | anspruchs- voll | 🪴 |

Das mehrjährige und nicht winterharte Eisenkrautgewächs ist frostempfindlich. Es wächst
kriechend, überhängend mit meterlangen Ranken. Die dunkelgrünen, gerippten Blätter sind
behaart und fast klebrig. Die weißen Blüten
duften wie die Blätter süßlich nach Honig.
Herkunft Mexiko.
Standort Sonnig. Durchlässige und sandige
Böden wählen.
Pflege Wenig gießen und düngen. Das Süßkraut sollte als Kübelpflanze gezogen werden.
Regelmäßig zurückschneiden. Überwinterung:
hell und kühl, bei 5 bis 10 °C.

Schädlinge Weiße Fliege.
Vermehrung Kopf- oder Teilstecklinge, am
besten von verholzten Trieben.
Ernten Blätter und Blüten, je nach Bedarf
ganzjährig.
Gesundheit und Küche In Mexiko wird das
Süßkraut als Arzneipflanze kultiviert. Der Tee
hat eine leicht entspannende Wirkung und ein
minziges, süßes Aroma. Das enthaltene ätherische Öl enthält Campher, das schleimlösend
wirken kann. In der Küche wird das Aztekische
Süßkraut als Süßungsmittel für Speisen und
Kräutertees eingesetzt.

BLÜTENFARBE

BLÜTEZEIT

| Jan | Feb | März | April | Mai | Juni | **Juli** | **Aug** | **Sept** | Okt | Nov | Dez |

Mexikanischer Oregano

Mexikanischer Oregano
Lippia graveolens

	Höhe bis 200 cm	Erntezeit Januar bis Dezember	anspruchsvoll	

Der buschige, immergrüne Halbstrauch ist mehrjährig, aber nicht winterhart.
Herkunft Tropisches und subtropisches Mittelamerika.
Standort Sonnig. Gut durchlässige, sandige Böden sind geeignet.
Pflege Gießen nach Bedarf, wenig düngen. Regelmäßiger Rückschnitt im Herbst. Überwinterung: hell, mäßig warm, bei 5 bis 10 °C.
Schädlinge Weiße Fliege, besonders bei älteren Pflanzen.
Vermehrung Kopf- und Teilstecklinge von verholzten Trieben.

Ernten Blätter und Blüten ganzjährig.
Küche In Mittelamerika ist der Mexikanische Oregano als Gewürzpflanze in Kultur. In der Küche wird der oreganoähnliche Geschmack als Gewürz für Chilis, Eintöpfe und Bohnengerichte geschätzt. Die Blätter duften beim Zerreiben nach Oregano.
Weitere Art Die aus Brasilien stammende Minzverbene (*Lippia scaberrima*) hat dunkelgrüne Blätter und weiße, duftende Blüten. Als Kübelpflanze halten, frostfrei überwintern. Gute Teepflanze mit minzigem Eukalyptusgeschmack.

BLÜTENFARBE

BLÜTEZEIT

Jan	Feb	März	April	Mai	Juni	Juli	Aug	Sept	Okt	Nov	Dez
						Juli	Aug	Sept			

Dominikanischer Oregano

Dominikanischer Oregano
Lippia micromeria

	Höhe	Erntezeit	anspruchs-	
	50 bis 100 cm	Januar bis Dezember	voll	

Mehrjähriger, wärmeliebender, stark nach Oregano duftender, verholzender Kleinstrauch mit kleinen Blättern und an den Blattachseln doldenähnlichen, duftenden, weißen Blüten.
Herkunft Karibische Inseln und nördliches Südamerika; wird in Jamaika, Trinidad und Venezuela als Oregano-Ersatz angebaut.
Standort Sonnig. Leichter bis mittelschwerer, durchlässiger Boden.
Pflege Topf nicht zu groß wählen, durchlässige Erde mit guter Dränage einfüllen Kann regelmäßig zurückgeschnitten werden. Überwinterung hell, nicht unter 10 °C.

Schädlinge Weiße Fliege und Spinnmilben im Winterquartier.
Vermehrung Nur durch Stecklinge im Frühjahr oder Sommer.
Ernten Blätter und Blüten ganzjährig.
Gesundheit und Küche Die Blätter werden frisch und getrocknet in der Küche oder beim Grillen als Oregano-Ersatz verwendet, zu schwarzen Bohnen und Fisch sind sie in der Karibik unentbehrlich. Wirkt beruhigend, krampflösend, verdauungsfördernd und desinfiziert die Darmflora.
Weiterer Name Spanischer Thymian.

BLÜTENFARBE

BLÜTEZEIT

Jan	**Feb**	**März**	April	Mai	Juni	Juli	Aug	Sept	Okt	Nov	**Dez**

Teufelstabak

Teufelstabak
Lobelia tupa

| ☀ | ◐ | Höhe 80 bis 150 cm | anspruchs- voll | 🪴 |

Mehrjährige, bedingt winterharte Ritual- und Medizinalpflanze der Mapuche Indianer. Das kräftige Glockenblumengewächs trägt an festen Stängeln große Blätter, die Eselsohren ähneln, und sehr auffällige röhrenförmige Blüten.
Herkunft Chile; wird inzwischen in der ganzen Anden-Region angebaut.
Standort Sonnig bis halbschattig. Nährstoffreicher, sommerfeuchter Boden.
Pflege Boden darf nicht zu sauer sein, sonst kann es zu Gelbverfärbungen der Blätter kommen, dann nur Eisendünger geben. Bei Kübelkultur sollte man im Winter eine vier bis sechs Wochen lange Kühlphase (−5 °C) einhalten. Pflanze im Winter vor zu viel Nässe schützen, dann verträgt sie bis zu −10 °C.
Schädlinge Schnecken und Raupen.
Vermehrung Aussaat oder Wurzelteilung im Frühjahr. Pflanze blüht erst im zweiten Jahr.
Ernten Kann nicht empfohlen werden, da die Pflanze giftig ist.
Verwendung Der Teufelstabak enthält Alkaloide, besonders Lobelin. Die Mapuche Indianer rauchten die getrockneten Blätter, um schwach narkotische Effekte zu erzielen. Es diente zur kurzen Stimulation des Körpers.

BLÜTENFARBE

BLÜTEZEIT

| Jan | Feb | März | April | Mai | Juni | Juli | **Aug** | **Sept** | **Okt** | Nov | Dez |

Scharlach-Indianernessel

Scharlach-Indianernessel, Goldmelisse
Monarda didyma

		Höhe bis 90 cm	Erntezeit Juni bis Oktober	pflege-leicht	

Der mehrjährige und winterharte Lippenblütler ist eine aromatische Pflanze mit ovalen, gezähnten Blättern und roten Blüten. Diese werden mit rotgrünen Deckblättern von Sommer bis Herbst in endständigen Wirbeln gebildet.
Herkunft Nordamerika.
Standort Sonnig bis halbschattig. In nährstoffreiche, feuchte Böden pflanzen.
Pflege Regelmäßig gießen. Wurzelballen nicht austrocknen lassen. Reichlich düngen. Im Herbst knapp über dem Boden abschneiden, sobald der Austrieb für nächstes Jahr sichtbar ist. Alle drei bis vier Jahre teilen und umsetzen.

Krankheiten Falscher Mehltau.
Vermehrung Aussaat im Frühjahr, Wurzelteilung vor der Blüte oder im späten Herbst.
Ernten Frische Blätter nach Bedarf, die ganze Pflanze kann getrocknet werden.
Gesundheit und Küche Die Monarde ist ein aromatisches, anregendes, schleimlösendes Kraut, das Fieber senkt und verdauungsfördernd wirkt. Blätter werden zu Tees aufgebrüht und geben Grünem Tee und gekühlten Getränken einen bergamotteartigen Geschmack. Die Blüten verwendet man in Salaten, grüne Blätter in Obstsalaten und Gelees.

BLÜTENFARBE

BLÜTEZEIT

Jan	Feb	März	April	Mai	Juni	Juli	Aug	Sept	Okt	Nov	Dez

Moujean Tee

Moujean Tee, Bahama Berry
Nashia inaguensis

  | Höhe bis 60 cm | anspruchs- voll |

Mehrjähriges, wärmeliebendes Verbenengewächs mit kleinen, ledrigen, glänzenden Blättern. Die immergrünen Blätter weisen ein intensives Bergamottaroma auf, die kleinen, weißen Blüten duften angenehm nach Honig.
Herkunft Insel Great Inagua (Bahamas), vereinzelt auch Kuba und Puerto Rico.
Standort Windgeschützter Platz. Durchlässige, humose Erde.
Pflege Die Erde darf nie trocken werden! Kann regelmäßig geschnitten werden. Die Pflanze benötigt auch im Winter mindestens 12 °C, vor allem aber warme Füße.

Schädlinge und Krankheiten Bei zu trockener Überwinterung Schmierläuse, bei zu wenig Frischluft Mehltau-Befall.
Vermehrung Stecklinge im Frühsommer, dabei auf warmes Substrat achten.
Ernten Blätter ganzjährig, am besten immer frisch verwenden.
Küche Die kleinen Blätter haben ein intensives Aroma nach Bergamotte, teilweise auch nach Zitrus, Vanille und Ananas. Der Tee schmeckt wie fruchtiger Earl-Grey-Tee. In der kreolischen Küche werden Blätter und Blüten zur Dekoration verwendet.

BLÜTENFARBE

BLÜTEZEIT

| Jan | Feb | März | April | Mai | Juni | Juli | Aug | Sept | **Okt** | *Nov* | Dez |

Boldo

Boldo
Peumus boldus

	Höhe bis 400 cm	Erntezeit Januar bis Dezember	pflege-leicht	

Der wärmeliebende Strauch hat ledrige, immergrüne Blätter mit eigenartigem Aroma und brennend würzigem, leicht bitterem Geschmack. Aus den duftenden weiß-gelben Blüten entstehen eiförmige, aromatische, essbare Früchte.
Herkunft Chilenische und peruanische Trockengebiete; bildet dichte Buschsavannen.
Standort Sonnig bis halbschattig. Trocken.
Pflege Sehr widerstandsfähig. Benötigt wenig Dünger und kann längere Zeit trocken stehen. Hell überwintern, wenig gießen.
Schädlinge Bei trockener Raumluft im Winter auf Schildläuse achten.

Vermehrung Steckhölzer das ganze Jahr.
Ernten Blätter das ganze Jahr.
Gesundheit und Küche Die Blätter enthalten Alkaloide, Gerbstoffe und ätherische Öle (Parfümindustrie). Sie sind Bestandteil von Schlankheitsmitteln, aromatisieren alkoholische Getränke und werden als Gewürz genutzt. Ein Tee wird bei Darm- und Magenbeschwerden, zur Anregung der Gallen- und Magensaftproduktion, bei Erkrankung der Nieren, Harnwege, Rheuma und Geschlechtskrankheiten angewendet. Vorsicht: Bei dem Genuss größerer Mengen können Übelkeit und Schwindel auftreten.

BLÜTENFARBE

BLÜTEZEIT

Jan	Feb	März	April	Mai	Juni	Juli	Aug	Sept	Okt	Nov	Dez

Matico-Pfeffer

Matico-Pfeffer
Piper angustifolium

| | Höhe bis 300 cm | Erntezeit Januar bis Dezember | pflege-leicht | |

Mehrjährige, immergrüne, aromatische Pfefferpflanze mit fast purpurroten Stängeln und weich behaarten, länglichen Blättern. Die zwittrigen Blüten stehen in schlanken Ähren.
Herkunft Feuchte Wälder in Süd- und Mittelamerika, v. a. in Peru, Kolumbien und Panama.
Standort Kommt mit jedem Standort zurecht, genügend Bodenwärme vorausgesetzt.
Pflege Gute durchlässige, humusreiche Erde, eventuell mit Lehm und Sand vermischt. Erde stets feucht halten. Regelmäßiger Rückschnitt im Frühjahr fördert das Wachstum. Hell und warm überwintern.

Schädlinge Gelegentlich treten im Winter Schmierläuse auf. Pflanze zurückschneiden.
Vermehrung Aussaat (schwierig) oder Stecklinge im Frühsommer.
Ernten Blätter ganzjährig, Blüten im Sommer. Rinde der zurückgeschnittenen Zweige kann getrocknet und gemahlen werden.
Gesundheit und Küche Blätter und Rinde wirken entzündungshemmend, schleimlösend. Sie werden als aromatisches Stimulans und Tonikum, als Aphrodisiakum und Wundheilmittel eingesetzt. Blätter und Blüten als Tee oder zu verschiedenen Speisen.

BLÜTENFARBE

BLÜTEZEIT

| Jan | Feb | März | April | Mai | Juni | Juli | Aug | Sept | Okt | Nov | Dez |

Pfefferblatt

Pfefferblatt, Hoja Santa
Piper auritum

	Höhe bis 250 cm	Erntezeit Januar bis Dezember	anspruchs- voll	

Das mehrjährige, frostempfindliche Pfeffergewächs ist eine dekorative Kübelpflanze. Die verwendeten Blätter können bis 25 cm groß werden. An den Unterseiten können sich bei älteren Blättern kleine, schwarze Pfefferkörner bilden.
Herkunft Tropen Mittelamerikas.
Standort Sonnig bis halbschattig. In humusreiche Erde pflanzen.
Pflege Häufig gießen und düngen. Ganzjährig Temperaturen ab 12 °C erforderlich. Kann nur als Kübelpflanze gezogen werden. Im Winter in ein helles und warmes Winterquartier räumen. Kräftiger Rückschnitt wird vertragen.

Probleme Spinnmilben.
Vermehrung Stecklinge.
Ernten Aromatische Blätter nach Bedarf.
Küche Die Blätter schmecken sehr pfeffrig und können Saucen und Salat würzen. Man kann sie auch zum Füllen von Fleisch und Fisch verwenden.
Weitere Art Der Pfefferstrauch (*Piper nigrum*) ist ein mehrjähriges Klettergewächs, das durchlässige Erde und hohe Luftfeuchtigkeit benötigt. Die reifen, schwarzen oder unreifen, weißen Beeren werden als Pfeffer verwendet.

BLÜTENFARBE

BLÜTEZEIT

Jan	Feb	März	April	Mai	Juni	Juli	Aug	Sept	Okt	Nov	Dez

Blüte des Mexikanischen Oreganos

Mexikanischer Oregano
Poliomintha longiflora

	Höhe bis 90 cm	Erntezeit Januar bis Dezember	anspruchs- voll	

Von Frühjahr bis in den Herbst blüht der mehrjährige, aber frostempfindliche Azteken-Oregano unaufhörlich mit vielen, zunächst weißen, später rosafarbenen Blüten. Die ovalen Blätter und Blüten schmecken wunderbar nach Oregano.

Herkunft Mexiko, südliches Nordamerika.
Standort Sonnig. Durchlässige und humose Böden sind ideal.
Pflege Der Mexikanische Oregano wird bei uns nur als Kübelpflanze gezogen. Wenig gießen und düngen. Verträgt keine Staunässe. Im Sommer vor Regen schützen. Bei zu viel Nässe werden über längere Zeit keine Blüten mehr gebildet. Überwinterung: hell und nicht unter 10 °C.
Schädlinge Weiße Fliege.
Vermehrung Stecklinge im Sommer.
Ernten Frische Blätter und Blüten.
Küche Die Blüten und Blätter des Mexikanischen Oreganos schmecken nach Oregano. Im getrockneten Zustand ist das Aroma der Blätter eher pfeffrig. Dann können sie Pfeffer ersetzen, um den Magen zu schonen. Mit den Blüten und Blättern können Fisch und Fleisch gewürzt werden.

BLÜTENFARBE

BLÜTEZEIT

Jan	Feb	März	April	Mai	Juni	Juli	Aug	Sept	Okt	Nov	Dez

Quillquina-Blüte

Quillquina
Porophyllum ruderale

		Höhe	Erntezeit	anspruchs-	
		bis 150 cm	Mai bis November	voll	

Das einjährige, sehr frostempfindliche Quillquina wird in Bolivien Killi genannt. Weiße und
lilafarbene Stängel zieren neben den dunkelgrünen Blättern diese ungewöhnliche und anspruchsvolle Pflanze. An den Blatträndern
befinden sich große Öldrüsen. Die unscheinbaren, anfangs gelben, später weißlichen Blüten bilden keine Blütenblätter.
Herkunft Mittel- und Südamerika.
Standort Sonnig bis halbschattig. Ein humoser und feuchter Boden ist ideal.
Pflege Reichlich gießen, Quillquina braucht
nur wenig Dünger.

Vermehrung Aussaat auf der Fensterbank,
nach den Spätfrösten auch im Freien möglich.
Ernten Blätter nach Bedarf.
Gesundheit und Küche Die Blätter können,
als Tee aufgebrüht, die Verdauung fördern und
den Kreislauf in Schwung bringen. In Bolivien
werden mit Quillquina hauptsächlich kalte und
warme Salsas, aber auch viele andere Speisen
gewürzt. Eine Quillquina-Paste mit Petersilie
und Zitronensaft kann gut in Salatdressing und
Saucen gemischt werden. In der mexikanischen Küche werden mit Quillquina viele
Tomatengerichte gewürzt.

BLÜTENFARBE

BLÜTEZEIT

Jan	Feb	März	April	Mai	Juni	Juli	Aug	Sept	Okt	Nov	Dez

Amerikanische Bergminze

Amerikanische Bergminze
Pycanthemum pilosum

 | Höhe bis 120 cm | Erntezeit Juni bis September | pflege-leicht |

Die mehrjährige, in rauen Lagen nicht winterharte Amerikanische Bergminze wurde von Cherokee-, Choctaw- und den Koasati-Indianern als Stärkungsmittel genutzt. Sie wächst aufrecht und trägt lange, schmale und behaarte Blätter und weiße Blüten.

Herkunft Nordamerika.

Standort Sonnig. Durchlässiger und humusreicher Boden wird erwünscht.

Pflege Die völlig unempfindliche Wildpflanze sollte regelmäßig gewässert und gedüngt werden. In rauen Lagen Winterschutz.

Probleme Falscher Mehltau.

Vermehrung Aussaat im Frühjahr und Herbst.

Ernten Blätter und Blüten zu Beginn der Blütezeit.

Gesundheit und Küche Ein aromatisches, stärkendes und stimulierendes Kraut, das, als Tee aufgebrüht, die Durchblutung der Haut fördert, Krämpfe löst und die Verdauung in Schwung bringt. Innerlich kann der Tee bei Koliken, Schüttelfrost und Fieber helfen. In der Küche verleihen die frischen Blätter, Blütenspitzen und Blütenknospen pikanten Gerichten einen minzartigen Geschmack.

BLÜTENFARBE

BLÜTEZEIT

Jan	Feb	März	April	Mai	**Juni**	**Juli**	**Aug**	**Sept**	Okt	Nov	Dez

Indianischer Räucher-Salbei

Guaven-Salbei

Indianischer Räucher-Salbei, Weißer Salbei
Salvia apiana

 | Höhe 60 bis 100 cm | Erntezeit Juni bis Oktober | anspruchs-voll |

Mehrjährige, wärmeliebende, aromatische Salbeiart mit immergrünen, fein behaarten, silbrigen, auf der unteren Seite fast weißen Blättern und weißen bis hellvioletten Blüten.
Herkunft Südwesten Nordamerikas bis Mexiko.
Standort Volle Sonne und trocken.
Pflege Magere, durchlässige, trockene Erde. Frostfrei und trocken überwintern.
Vermehrung Aussaat oder Stecklinge im Frühjahr.
Ernten Blätter von Sommer bis Herbst.
Gesundheit Gute hautreinigende und desinfizierende Eigenschaften. Der Weiße Salbei wird seit Jahrhunderten von Indianern zu Räucher- und Ritualzwecken gebraucht, vor allem aber bei Reinigungszeremonien und in Schwitzhütten. Bei Vollmond leuchten die Blätter silbrig, die Indianer nutzen ihn heute noch zur nächtlichen Orientierung.
Weitere Art Der mehrjährige Guaven-Salbei *(Salvia darcyi)* hat leuchtend rote Blüten. Er kommt mit wenig Wasser (auch in den Wintermonaten) zurecht. Seine klebrigen Blätter haben ein starkes Guavenaroma und werden als Küchengewürz verwendet.

BLÜTENFARBE

BLÜTEZEIT

Jan Feb März April Mai Juni **Juli** **Aug** Sept Okt Nov Dez

Peruanischer Salbei

Peruanischer Salbei
Salvia discolor

| | Höhe
40 bis 70 cm | Erntezeit
Juni bis Oktober | pflege-
leicht | |

Mehrjährige, frostempfindliche Salbeiart mit violett-schwarzen Blüten und silbrigen Kelchblättern. Die länglichen Blätter sind oberseits grün und auf der Unterseite graufilzig behaart. Sie sitzen an klebrigen Stielen und duften sehr aromatisch nach Menthol und Eukalyptus.
Herkunft   In den Anden, vor allem in Peru.
Standort   Durchlässige, humose Erde in voller Sonne.
Pflege   Verträgt kühle Temperaturen, wenn er trocken gehalten wird. Frostfrei überwintern. Im Frühjahr stark zurückschneiden.

Vermehrung   Aussaat oder Stecklinge im Frühjahr.
Ernten   Blüten und Blätter im Sommer.
Gesundheit und Küche   Wird in Peru als Räuchersalbei in den Schwitzhütten verwendet. Die dekorativen, essbaren Blüten geben Obstsalaten einen exotischen Geschmack. Für einen überraschend türkisgrünen Tee mit Eukalyptusaroma werden die Blüten und Blätter mit heißem Wasser überbrüht; auch gut als Kalt- oder Mixgetränk. Attraktive Kübelpflanze für Balkon und Terrasse.

BLÜTENFARBE

BLÜTEZEIT

| Jan | Feb | März | April | Mai | **Juni** | **Juli** | **Aug** | **Sept** | **Okt** | Nov | Dez |

Frucht-Salbei

Frucht-Salbei
Salvia dorisiana

	Höhe bis 120 cm	Erntezeit Juni bis Oktober	pflege- leicht	

Diese mehrjährige, wärmeliebende Salbeiart duftet stark nach tropischen Früchten. Sie hat große, herzförmige, samtige Blätter und große, dunkelrosafarbene Blüten, die bei uns erst im Winter voll aufblühen; nur bei ausreichendem Lichtangebot.

Herkunft Mittelamerika; Tropenwälder.

Standort Bevorzugt halbschattige Lagen und mittelschwere, humose, vor allem aber durchlässige Erde.

Pflege Pflegeleichte Pflanze für große Kübel; ein Rückschnitt nach der Blüte fördert einen kompakten Wuchs. Als immergrüne Pflanze benötigt sie auch im Winter einen hellen und warmen Platz – je wärmer, desto heller.

Schädlinge Im Winter auf Schmierläuse achten. Vermehrung Aussaat oder besser Stecklingsvermehrung im Sommer.

Ernten Blätter das ganze Jahr.

Küche Die duftenden Blätter eignen sich das ganze Jahr frisch oder getrocknet für Tee, Süßspeisen und Desserts sowie als essbare Speisedekoration.

Weiterer Name Zimmerlinden-Salbei.

BLÜTENFARBE

BLÜTEZEIT

Jan	Feb	März	April	Mai	Juni	Juli	Aug	Sept	Okt	Nov	Dez

Honigmelonen-Salbei

Ananas-Salbei

Weitere Salbei-Arten

Honigmelonen-Salbei *(Salvia elegans)*
Dieser 70 cm hohe, mehrjährige, immergrüne,
nach Honigmelone duftende Salbei mit kleinen
samtigen Blättern und roten Lippenblüten
stammt aus Mittelamerika. Als pflegeleichte
Kübelpflanze bevorzugt er einen halbschattigen Standort und durchlässige, humose Erde.
Nach der Blüte im Winter auf Handbreite über
der Erde zurückschneiden. Im Winter trocken
und hell stellen. Bei zu trockener Kultur kann
es zu einem Befall mit Weißer Fliege kommen.
Vermehrung über Stecklinge von Frühling bis
Sommer.
Die Blätter können das ganze Jahr über geerntet und frisch für Tees, Desserts und Obst-
salate verwendet werden. Frisch oder getrocknet aromatisieren sie Fleischgerichte. Die
essbaren, dunkelroten Blüten können als essbare Dekoration genutzt werden (Bild siehe
Seite 135).

Ananas-Salbei *(Salvia rutilans)*
Diese mehrjährige, immergrüne, nach Ananas
duftende Salvie mit behaarten, stark geaderten
Blättern und scharlachroten Blüten (ab Herbst)
stammt aus dem Hochland von Mexiko bis
Costa Rica. Die pflegeleichte Salbeiart wächst
in der Sonne oder im Halbschatten, in leichter
bis mittelschwerer, humoser, vor allem durchlässiger Erde. Sie wird bis zu 100 cm hoch. Im
Sommer reichlich wässern und düngen. Bei
trockenem Standort auf Weiße Fliege achten,
bei zu nasser Kultur kann Mehltau auftreten.
Kühl (mind. 0°C) und trocken überwintern. Im
Frühjahr eine Handbreit über der Erde zurückschneiden, umtopfen und hell stellen. Vermehrung über Stecklinge im Frühjahr.
Blätter und Blüten können das ganze Jahr für
Tee, Quark, Biskuitteig, Fruchtsalate und -säfte
verwendet werden. Die essbaren Blüten eignen
sich zum Dekorieren.

Indianische Minze

Indianische Minze
Satureja douglasii

	Höhe 10 cm	Erntezeit Juli bis Oktober	pflege-leicht	

Die mehrjährige, nicht winterharte Indianische Minze wächst kriechend und hängt bis zwei Meter. Ihre rundlichen Blätter sind paarweise angeordnet und hellgrün. Sie haben einen starker, angenehmen Minzeduft. Die zierlichen Blüten sind weiß. Auffällige Hängepflarze, die schnell wächst und windunempfindlich ist.
Herkunft Mittelamerika.
Standort Sonnig, geschützt. Auch für Kübel- und Balkonkasten.
Pflege Gleichmäßig gießen und regelmäßig düngen. Frostfrei überwintern.
Krankheiten Falscher Mehltau.

Vermehrung Stecklinge im Frühjahr.
Ernten Triebe und Blätter werden nach Bedarf geerntet.
Gesundheit und Küche Die Blätter der Indianischen Minze können als Tee aufgebrüht werden, der gegen Kopfschmerzen hilft. Der abgeseihte Tee kann auch in Vollbäder gegeben werden. Das hilft gegen Keuchhusten. Auch Kinder können bereits darin baden. Die Indianische Minze ist ein Würzkraut für Speisen mit Hülsenfrüchten und Fleischgerichte. Blätter und Triebspitzen dieser Minze passen gut zu Cocktails, zum Beispiel zu Mojitos.

BLÜTENFARBE

BLÜTEZEIT

Jan	Feb	März	April	Mai	Juni	Juli	Aug	Sept	Okt	Nov	Dez
						Juli	Aug	Sept			

Süßkraut

Süßkraut
Stevia rebaudiana

☀	◑	Höhe 30 bis 70 cm	Erntezeit Mai bis Oktober	anspruchs- voll	🌱

Das ein- oder mehrjährige, frostempfindliche Süßkraut wurzelt nur sehr oberflächlich und hält eine Art Winterruhe, bei der die gesamten oberen Pflanzenteile absterben. Im späten Frühjahr treiben die Wurzeln wieder aus.

Herkunft Südamerika, wird heute aber weltweit angebaut. In Europa war der Handel für viele Jahre verboten.

Standort Sonnig bis halbschattig, aber hell. In humose, sandige Erde setzen.

Pflege In der Wachstumszeit reichlich düngen und gleichmäßig gießen. Nach der Blüte ins Überwinterungsquartier bringen. Das Süß-kraut braucht auch im Winter mindestens 12 °C. Bei zu niedrigen Temperaturen treibt es später aus.

Vermehrung Aussaat im Frühjahr, Stecklingsvermehrung ganzjährig.

Ernten Blätter, frisch und zum Trocknen.

Gesundheit und Küche Die süßen Blätter der Stevie werden frisch und getrocknet zum Süßen verwendet. Das Kraut kann auch bei Diabetes und Übergewicht verwendet werden. Es ist kalorienarm und enthält etliche Vitamine und Mineralstoffe. Das Süßkraut kann bei Karies und Parodontose helfen.

BLÜTENFARBE

BLÜTEZEIT

Jan	Feb	März	April	Mai	Juni	Juli	Aug	Sept	Okt	Nov	Dez

Anis-Tagetes

Anis-Tagetes, Winterestragon
Tagetes lucida

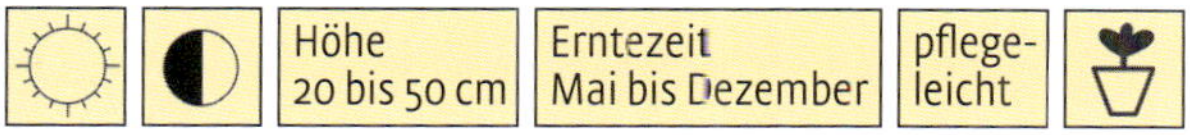

		Höhe 20 bis 50 cm	Erntezeit Mai bis Dezember	pflege- leicht	

Die mehrjährige, immergrüne, wärmeliebende Pflanze hat längliche, gezähnte Blätter, die stark nach Anis duften. Die endständigen Blüten stehen in dichten orange-gelben Büscheln. **Herkunft** Mexiko und südliches Nordamerika. **Standort** Durchlässiger Boden, am besten im Kübel. Duldet keine anderen Pflanzen in der Nähe, auch kein Unkraut (Wirkstoff Thiophen!). **Pflege** Nicht zu stark düngen, sonst geht das Anisaroma verloren. Verträgt niedrige Temperaturen, aber keinen Frost. Kann im Winter auch hell und warm stehen. Im Frühjahr eine Handbreit über der Erde zurückschneiden.

Schädlinge Weiße Fliege und Schmierläuse. **Vermehrung** Aussaat oder Stecklinge im Frühjahr, Wurzelteilung im Frühsommer. **Ernten** Blätter und Blüten das ganze Jahr. Bei Trocknung erhöht sich das Aroma. **Gesundheit und Küche** Wirkt blutdruck- und fiebersenkend, harntreibend, verdauungsfördernd, in größeren Mengen betäubend. Findet als Badezusatz gegen Rheuma oder als Tee Verwendung. Die frischen Triebspitzen passen gut zu Kräuteressig und -butter. Sie würzen als Estragonersatz Fisch und Geflügel. Blätter aromatisieren in Mexiko Kakaogetränke.

BLÜTENFARBE

BLÜTEZEIT

Jan	Feb	März	April	Mai	Juni	Juli	Aug	Sept	Okt	Nov	Dez
						Juli	Aug	Sept	Okt	Nov	Dez

Gewürz-Tagetes

Gewürz-Tagetes
Tagetes tenuifolia

		Höhe 20 bis 40 cm	Erntezeit Juni bis September	pflege-leicht	

Diese Verwandte der bekannten Balkonblume wächst kissenförmig und reich verzweigt. Die Blätter sind zierlich und duften fein nach Orange und Zitrone. Die essbaren Blüten blühen je nach Sorte von gold- bis zitronengelb.

Herkunft Mittelamerika.

Standort Sonnig bis halbschattig. Gedeiht in allen Böden.

Pflege Benötigt reichlich Dünger und Wasser.

Schädlinge Schnecken, Blattläuse

Vermehrung Aussaat, im zeitigen Frühjahr vorziehen, ab Mai Direktsaat ins Freiland.

Ernten Junge Blüten und Blätter im Sommer.

Gesundheit und Küche Das ätherische Öl wird mit Wasserdampfdestillation aus der blühenden Pflanze gewonnen. Bei Muskelkater und leichten Nervenentzündungen mischt man einige Tropfen davon in ein Massageöl und reibt die betroffenen Stellen damit ein. Die Tagetesblüten können in der Duftschale verwendet werden. Blütenblätter können als Dekoration in den Salat gegeben und mitgegessen werden.

Weitere Art Das Laub der Lakritz-Tagetes (*Tagetes filifolia*) verströmt ein feines Lakritz-Aroma.

BLÜTENFARBE

BLÜTEZEIT

Jan	Feb	März	April	Mai	Juni	Juli	Aug	Sept	Okt	Nov	Dez

Surinam-Portulak

Surinam-Portulak
Talinum triangulare

Höhe 30 bis 60 cm	Erntezeit Mai bis Oktober	pflege-leicht

Mehrjährige, wärmeliebende Pflanze mit kriechendem bis aufrechtem Wuchs, fleischigen, glänzenden Blättern und verdickten Wurzeln. Aus den traubigen, rosaroten Blütenständen entwickeln sich grünlich gelbe Kapselfrüchte.
Herkunft Vermutlich Mittel- und Südamerika, vielleicht auch das tropische Zentralafrika. Von dort aus verbreitete sich die Pflanze bis nach Südostasien. Heute ist sie in allen Äquatorialländern zu Hause.
Standort Gute, nahrhafte Gartenerde in geschützter, sonniger Lage.
Pflege Nicht zu nass halten, viel düngen.

Überwinterung bei warmer Raumtemperatur, totale Winterruhe bei niedriger Temperatur
Schädlinge Blattläuse auf Neuaustrieben
Vermehrung Aussaat im Frühjahr oder Wurzelteilung in der Wachstumsphase.
Ernten Blätter und Triebe im Sommer.
Küche Die fleischigen Blätter enthalten viel Kohlenhydrate, Eiweiß, Kalzium und Eisen sowie große Mengen an Vitamin C und Oxalsäure. Bei Rohverzehr nicht zu viel davon nehmen. Alle Teile, auch die Blüten, können in Suppen und Eintöpfe gegeben werden. Das in der Pflanze schädliche Oxalat wird beim Kochen zerstört.

BLÜTENFARBE

BLÜTEZEIT

Jan	Feb	März	April	Mai	Juni	Juli	Aug	Sept	Okt	Nov	Dez

Ololiuqui

Ololiuqui
Turbinia corymbosa (syn. *Rivea corymbosa*)

   | Höhe bis 300 cm | anspruchs- voll | 🪴

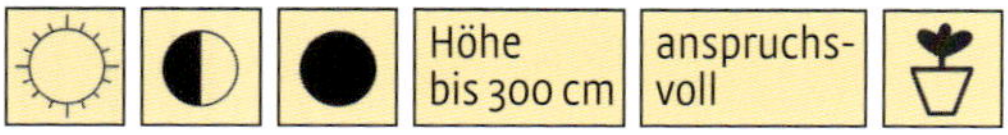

Die wärmeliebende Kletterpflanze wird in der Natur bis zu zehn Meter hoch, im Kübel nur bis zu drei Meter. Sie bildet herzförmige, ledrige Blätter und Blüten mit weißem Trichter und dunklem Auge.
Herkunft Süd- und Mittelamerika, vor allem Mexiko.
Standort Die Pflanze bevorzugt es, mit dem Kopf in der Sonne und mit dem Fuß im Schatten in guter, durchlässiger Erde zu stehen.
Pflege Wenig düngen, gleichmäßig gießen. Bei zu nasser Kultur wächst die Pflanze nicht. Benötigt auch im Winter viel Wärme.

Schädlinge Bei zu trockener Kultur auf Schildläuse und Schmierläuse achten.
Vermehrung Aussaat im Frühling, Samen in Milch einlegen zum Vorkeimen. Stecklinge im Frühsommer.
Ernten Samen zweimal im Jahr.
Gesundheit Frische oder getrocknete Samen werden bei den Indianern in rituellen Zeremonien oder für therapeutische Zwecke wie Frauenleiden, Unfruchtbarkeit, Fieber und als Aphrodisiakum eingesetzt. Blätter und Stängel enthalten psychoaktive Alkaloide und lösen einen Dämmerschlaf mit Traumbildern aus.

BLÜTENFARBE

BLÜTEZEIT

| Jan | Feb | März | April | Mai | Juni | Juli | Aug | Sept | Okt | Nov | Dez |

Damiana

Damiana
Turnera diffusa var. *aphrodisiaca*

  | Höhe 20 bis 60 cm | anspruchs-voll |

Wärmeliebende, immergrüne Heilpflanze mit schmalen, spitzen Blättern und goldgelben Blüten. In der Natur kann die hitzeverträgliche Pflanze bis zwei Meter hoch wachsen, im Kübel meist nur bis 60 cm. Bei den Maya ist sie als Medizin und Liebestrank bekannt.

Herkunft Von Kalifornien bis Argentinien.

Standort Warm, sonnig bis halbschattig. Mit Sand vermischter Humus.

Pflege Sehr hoher Licht- und Wärmeanspruch, vor allem im Winter sehr hell stellen. Nur gießen, wenn die Erde trocken ist, zu viel Nässe vermeiden.

Schädlinge Weiße Fliege kann lästig werden.

Vermehrung Aussaat, besser aber Stecklinge im Frühjahr.

Ernten Blätter und Blüten das ganze Jahr.

Gesundheit und Küche Als Tee getrunken helfen die Blätter und Blüten bei Asthma, Erkrankungen der Geschlechtsorgane, Muskelschwäche, Nervosität, unregelmäßiger Menstruation sowie Inkontinenz. Sie können auch zur Likörgewinnung und zum Ansetzen von Schnäpsen genutzt werden. Geraucht führen sie zu einer leichten Euphorie. Damiana wirkt leicht harntreibend und aphrodisierend.

BLÜTENFARBE

BLÜTEZEIT

| Jan | Feb | März | April | Mai | Juni | **Juli** | **Aug** | **Sept** | Okt | Nov | Dez |

Afrikanische Kräuter

Selten wurde über ein Gebiet so viel Abenteuerliches, Spekulatives und zum Teil Unsinniges berichtet wie über afrikanische Kräuter und Heilpflanzen. Sie sind so vielfältig, verschieden und voller Geheimnisse wie der afrikanische Kontinent selbst.

Inzwischen wurde die medizinische Wirksamkeit vieler afrikanischer Pflanzen durch die Forschungen der Pharmaindustrie, die ständig auf der Suche nach neuen Wirkstoffen ist, nachgewiesen. Die verwendeten Pflanzenteile spielen bei diesen Kräutern eine besonders große Rolle.

Bei manchen afrikanischen Kräutern ist größte Vorsicht geboten und viel Sachkenntnis erforderlich, da sie gleichermaßen Gift- wie Arzneipotenzial in sich tragen. Die meisten von ihnen gehören zu den biologisch aktiven Pflanzen und zählen zu den am häufigsten herangezogenen Arzneiquellen der afrikanischen Heilkundigen.

Parakresse

Parakresse
Acmella oleracea (syn. *Spilanthes oleracea*)

	Höhe 20 bis 30 cm	Erntezeit Juli bis Oktober	pflege-leicht	

Der ein- bis mehrjährige, nicht winterharte Korbblütler wird bei uns meist nur einjährig gezogen. Er breitet sich bodendeckend aus. Die spitz- bis eiförmigen Blätter haben ein kräftiges, kresseartiges Aroma. Die gelben Blüten sind knopfförmig.
Herkunft Madagaskar.
Standort Sonniger und windgeschützter Platz mit feuchter, nährstoffreicher Erde.
Pflege Reichlich gießen und wenig düngen.
Schädlinge Schnecken, Raupen.
Vermehrung Aussaat im Frühjahr, Samen vorziehen und ab Mitte Mai ins Freie setzen.

Ernten Blätter und Blüten nach Bedarf den ganzen Sommer, auch zum Trocknen.
Gesundheit und Küche Diese Kresseart enthält ätherisches Öl, Gerbstoffe und Cerotinsäure. Frische Blätter werden gegen Zahnfleischerkrankungen gekaut. Das betroffene Gewebe wird dann etwas taub, aber die Schmerzen vergehen. Die Blätter helfen als Auflage auch bei Gicht und Rheuma. In der Küche werden die Blüten als Salatwürze und zur Dekoration verwendet. Das madagassische Nationalgericht Romazava (Fleisch und Reis) wird mit Parakresse gewürzt.

BLÜTENFARBE

BLÜTEZEIT

Jan	Feb	März	April	Mai	Juni	Juli	Aug	Sept	Okt	Nov	Dez

Kap-Aloe

Kap-Aloe, Wilde Aloe
Aloe ferox

| ☼ | Höhe bis 200 cm | pflege-leicht | 🌱 |

Die mehrjährige Pflanze wächst baumartig und sehr langsam. Die bis zu 100 cm langen Blätter sind am Rand und auf der Ober- und Unterseite mit Dornen besetzt. Ihr bitterer, gelb-brauner Saft hat ein harziges Aroma. Die scharlachroten Blüten sitzen an endständigen Blütenstielen.

Herkunft Von Swellendam im Südwesten Südafrikas bis in die trockenen Savannen der Kapregionen von Kwa Zulu bis Lesotho.

Standort Sonnig. Durchlässige, steinige, nährstoffarme Erde.

Pflege Wenig düngen. Verträgt keinen Frost. Im Winter hell und trocken halten.

Krankheiten Bei zu viel Nässe werden die Blätter braun.

Vermehrung Samen im Sommer aussäen oder am Stamm wachsenden Kindel von der Mutterpflanze trennen und einpflanzen.

Ernten Das ganze Jahr über kann man die Blätter abschneiden.

Gesundheit Der Bittersaft hat eine entzündungshemmende und desinfizierende Wirkung bei Verbrennungen, Schnittverletzungen. Zugabe von Zitronensaft verlängert seine Haltbarkeit. Der Saft ist nicht zur inneren Einnahme bei Eigenbehandlung geeignet!

BLÜTENFARBE

BLÜTEZEIT

| Jan | Feb | März | April | Mai | Juni | **Juli** | **Aug** | **Sept** | Okt | Nov | Dez |

Echte Aloe

Echte Aloe
Aloe vera

| | Höhe bis 50 cm | Erntezeit Januar bis Dezember | anspruchs- voll | |

Echte Aloe verträgt keinen Frost. Die stamm-lose, fleischige Pflanze mit Tochterrosetten bil-det bis zu 50 cm lange, bedornte Blätter. Die gelben Blüten können bis 90 cm hoch werden.
Herkunft Nordafrika.
Standort Ein sonniger bis halbschattiger Platz ist ideal. In normale Blumenerde mit Sand vermischt setzen.
Pflege Bei uns kann die Aloe nur als Zimmer- oder Kübelpflanze gezogen werden. Im Winter einen trockenen, möglichst hellen Platz wäh-len. Höchstens drei Mal jährlich mit einer ge-ringen Dosis düngen. Wenig gießen.

Schädlinge Schildläuse bei zu trockener Luft.
Vermehrung Aussaat im Frühjahr, besser über Ausläufer.
Ernten Blattstücke ganzjährig.
Gesundheit Die Echte Aloe wirkt abführend, wundheilend, pilztötend und enthält ätheri-sche Öle, Enzyme, viele Mineralstoffe, Vita-mine und Aminosäuren. Mit dem frischen Gel, das man durch Abschneiden eines Blattstückes gewinnt, kann man Hämorrhoiden, Zahn-fleischentzündungen, Neurodermitis und Altershaut behandeln. Das Gel hilft auch bei leichten Brandwunden und Insektenstichen.

BLÜTENFARBE

BLÜTEZEIT

| Jan | Feb | März | April | Mai | **Juni** | **Juli** | Aug | Sept | Okt | Nov | Dez |

![Ausdauerndes Eiskraut]

Ausdauerndes Eiskraut

Ausdauerndes Eiskraut
Aptenia cordifolia

Höhe bis 20 cm kriechend bis 50 cm	Erntezeit März bis Dezember	pflege-leicht

Das mehrjährige, nicht frostharte Mittagsblumengewächs hat kräftig grüne, ovale, spitz zulaufende Blätter mit silbriger Behaarung. Seine pinken Blüten öffnen sich nur an den hellen Stunden des Tages.

Herkunft Östliches Südafrika. Die Pflanze ist aber auch an vielen trockenen Küstengebieten Mitteleuropas und Nordamerikas anzutreffen.

Standort Vollsonniger, geschützter und trockener Standort. Erde stets mit Sand verbessern.

Pflege Sehr pflegeleicht, hitzeverträglich. Überwinterung sollte bei mindestens 7 °C erfolgen.

Schädlinge Auf Schmierläuse achten.

Vermehrung Aussaat im Frühjahr. Stecklingsvermehrung gelingt leicht in keimfreiem Sand, ganzjährig möglich.

Ernten Blätter und Triebspitzen.

Küche Dekorative Blätter und frische Zweige als Salat oder zu Saucen. Ihr Geschmack ähnelt Kresse. Die Blätter sind auch als sogenannter Cordifole-Salat in Italien, Frankreich und Holland bekannt.

Sorte 'Variegata' hat weiß-grün panaschierte Blätter und lila-rosa Blüten; schöne Balkonpflanze mit stark hängendem Wuchs.

BLÜTENFARBE

BLÜTEZEIT

Jan	Feb	März	April	Mai	Juni	Juli	Aug	Sept	Okt	Nov	Dez

Schwanenpflanze

Schwanenpflanze, Seidenpflanze
Asclepias physocarpa (syn. Gomphocarpus physocarpus)

  Höhe bis 200 cm | pflege-leicht

Mehrjähriger, nicht ganz frostharter Strauch mit lanzettlichen, grünen Blättern und attraktiven weißen Blüten. Die ballonartig aufgeblasenen, hellgrün gefärbten Früchte sind mit weichen Stacheln besetzt. Bei Überreife öffnen sich die Gebilde mit seidigen Flugapparaten.

Herkunft Tropisches, südliches Afrika.

Standort Sonnig bis halbschattig. Wächst bevorzugt in etwas feuchterer und sandiger, gut durchlässiger Erde.

Pflege Im Sommer nicht austrocknen lassen. Im Winter zieht die Pflanze ein. Bei mäßiger Temperatur im Keller überwintern, wenig gießen. Bei Gelbfärbung der Blätter mit erhöhten Düngergaben nachhelfen.

Krankheiten Bei hoher Luftfeuchtigkeit sehr anfällig gegen Mehltau und Rostpilze. Vorbeugend mit verdünnter Milch übergießen oder die Blätter besprühen.

Vermehrung Im Frühjahr durch Samen.

Verwendung Der Milchsaft der Blätter ist giftig und sollte nicht in Kontakt mit der Haut kommen. Bei den Schamanen in Südafrika ist die gesamte Pflanze ein wichtiger Heilsbringer. Die Ballonfrüchte werden gerne in der Floristik verwendet.

BLÜTENFARBE

BLÜTEZEIT

| Jan | Feb | März | April | Mai | Juni | **Juli** | **Aug** | **Sept** | Okt | Nov | Dez |

Katzenschwanz

Katzenschwanz, Stelzen-Bulbine
Bulbine frutescens

☀	Höhe bis 60 cm	Erntezeit Januar bis Dezember	pflege-leicht	🌱

Mehrjähriges, wärmeliebendes, sukkulentes Liliengewächs. Seine blaugrünen, fleischigen, stricknadelförmigen Blätter enthalten ein der Aloe ähnliches Gel. Die Blütenspitzen sehen aus wie ein Katzenschwanz.
Herkunft Südafrika, wird aber im gesamten südlichen Afrika bis Kenia angebaut.
Standort Ganzjährig sonnig und warm.
Pflege Gut durchlässige Erde verwenden und mit Blähton vermischen, Staunässe unbedingt vermeiden. Die Bulbine verträgt keinen Frost, möglichst hell und warm überwintern.
Krankheiten Keine.

Vermehrung Samen im Frühjahr oder Kindel-vermehrung das ganze Jahr.
Ernten Blätter ganzjährig.
Gesundheit In ihrer Heimat als „Erste-Hilfe-Pflanze" bei kleinen Verletzungen wie Verbrennungen, Insektenstichen, Ekzemen und Hautausschlägen bekannt. Der aus aus den frischen Blättern gepresste Saft enthält antibakterielle Wirkstoffe. Aus ihm kann ein dickflüssiges Gel hergestellt werden, das gegen Akne, Erkältung, Herpes, spröde Haut, Husten und Arthritis hilft. Neue Forschungen haben eine gute Wirkung gegen den Erreger der Malaria festgestellt.

BLÜTENFARBE

BLÜTEZEIT

Jan	Feb	März	April	Mai	**Juni**	**Juli**	**Aug**	**Sept**	Okt	Nov	Dez

Balsamstrauch

Balsamstrauch
Cedronella canariensis (syn. *Cedronella triphylla*)

	Höhe bis 100 cm	Erntezeit April bis Juli	anspruchs-voll	

Der mehrjährige, aber frostempfindliche Lippenblütler wächst locker buschig. Er verholzt an der Basis. Die dreilappigen, gezähnten Blätter sind unterseits behaart.
Herkunft Madeira, Azoren, Kanaren.
Standort Sonnig und geschützt, in durchlässige Erde pflanzen.
Pflege Gleichmäßig düngen und wässern. Staunässe vermeiden. Sollte die Pflanze zu groß werden, kann das grüne Holz jederzeit zurückgeschnitten werden. Überwinterung: hell, bei 5 bis 20 °C.
Schädlinge Weiße Fliege im Winter.

Vermehrung Kopfstecklinge ganzjährig, möglichst vor der Blüte.
Ernten Blätter und Blüten frisch oder zum Trocknen.
Gesundheit und Küche Der Balsamstrauch wirkt erfrischend und kreislaufanregend. Als Tee aufgebrüht wirken die Blätter gegen Schlafprobleme und sind nervenberuhigend. Die getrockneten Blätter und Blüten können in in Potpourris, Duftsäckchen und Duftsträußen gemischt werden. In der Küche werden die essbaren Blätter für Salat verwendet.
Weiterer Name Kanarischer Zitronenstrauch.

BLÜTENFARBE

BLÜTEZEIT

Jan	Feb	März	April	Mai	Juni	Juli	Aug	Sept	Okt	Nov	Dez

Afrikanischer Rosmarin

Afrikanischer Rosmarin, Kapokstrauch
Eriocephalus africanus

 Höhe bis 100 cm | Erntezeit Januar bis September | pflege-leicht

Der nicht winterharte, immergrüne Strauch trägt angenehm duftende, nadelartige Blätter. Der Name Kapokstrauch bedeutet Wollkopf-strauch, die Samen sind wollig behaart.
Herkunft Südafrika.
Standort Ein sonniger Platz in offenen, luf-tigen Lagen wird bevorzugt. Durchlässiger Boden ist ideal.
Pflege Wenig gießen und düngen, auch im Winter. Der Kapokstrauch verträgt Trockenheit und übersteht problemlos leichte Fröste. Bei uns am besten im Kübel pflegen. Überwinte-rung: hell, bei 0 bis 5 °C.

Schädlinge Schmier- und Schildläuse, nicht mit den weißen Samen im Herbst verwechseln!
Vermehrung Aussaat im späten Frühjahr, Stecklinge im Frühsommer.
Ernten Zweige und duftende Blätter nach Be-darf ernten.
Gesundheit und Küche Der Afrikanische Rosmarin ist aromatisch und hat harntrei-bende Eigenschaften. Mit den Blättern können Eintöpfe gewürzt werden. Ein Tee hilft bei Husten, Erkältungen, Blähungen und Koliken Ein Fußbad mit dem Sud aus Zweigen wirkt gegen geschwollene und müde Füße.

BLÜTENFARBE

BLÜTEZEIT

| Jan | Feb | **März** | **April** | **Mai** | Juni | Juli | Aug | Sept | Okt | Nov | Dez |

Kongolieschen

Kongolieschen
Impatiens niamniamensis

  | Höhe bis 200 cm | pflege-leicht |

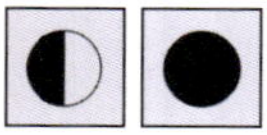

Mehrjähriges, wärmeliebendes, fleischiges Balsaminengewächs mit großen, dunkelgrünen Blättern. Die sehr schönen gelb, rot und grün gefärbten Blüten ähneln einem Papageienschnabel. Die Pflanze blüht das ganze Jahr, sogar ältere Knospen kommen am Stamm zur Blüte.
Herkunft Feuchte Bergwälder im östlichen Afrika, vor allem aber von Kongo bis Kenia und im Niam-Niam-Land (südlicher Sudan).
Standort Im Schatten entwickelt die Pflanze einen prächtigen Blütenreichtum.
Pflege Gute Blumenerde verwenden; nicht zu sauer, sonst bilden sich zu viele gelbe Blätter.

Immer feucht halten, aber Staunässe vermeiden. Im Sommer regelmäßig düngen. Bei mindestens 8 °C überwintern.
Schädlinge Bei zu trockener Luft sehr anfällig gegen Spinnmilben und Blattläuse.
Vermehrung Stecklinge bewurzeln das ganze Jahr sehr leicht in weichem Wasser.
Küche Die essbaren, aber relativ geschmacklosen Blüten eignen sich als Dekoration von Cocktails, dazu Blüten mit Stiel abnehmen und am Glasrand anbringen.
Weitere Namen Papageienschnabelblume, Congo Cackatoo, Niam-Niam.

BLÜTENFARBE

BLÜTEZEIT

| Jan | Feb | März | April | Mai | Juni | Juli | Aug | Sept | Okt | Nov | Dez |

Arabisches Bergkraut

Arabisches Bergkraut
Micromeria fruticosa

| | Höhe
40 bis 60 cm | Erntezeit
Juli bis Oktober | pflege-
leicht | |

Mehrjähriger, nicht ganz winterharter, schnell verholzender kleiner Strauch mit silbrig grünen, behaarten, runden Blättern und weißen Blüten. Der Duft der Tee- und Gewürzpflanze erinnert an Oregano und Minze.

Herkunft Gesamter östlicher Mittelmeerraum und Nordafrika.

Standort Kalkhaltige, durchlässige Erde.

Pflege Am besten als Kübelpflanze in mit Kies oder Sand vermischtem Substrat halten. Erde etwas aufkalken oder mit hartem Wasser gießen. Pflanze kann bei leichten Frösten im Topf an einem geschützten Platz überwintern.

Schädlinge In trockenen Monaten kann Weiße Fliege lästig werden.

Vermehrung Im Frühjahr durch Stecklinge; braucht ziemlich lange zum Bewurzeln.

Ernten Ab Sommer frische Zweige ernten, im Herbst bis zur Hälfte zurückschneiden und für Wintervorrat trocknen.

Gesundheit und Küche Ein hervorragendes Lammgewürz, in Nordafrika wird auch die Nationalspeise Couscous damit gewürzt. Tee hilft gegen Bluthochdruck und Magenbeschwerden. Vorsicht: Pflanze enthält Pulegon, das in großen Mengen gesundheitsschädlich ist!

BLÜTENFARBE

BLÜTEZEIT

Jan	Feb	März	April	Mai	Juni	Juli	Aug	Sept	Okt	Nov	Dez

Falsche Meerzwiebel

Blütenstand

Falsche Meerzwiebel
Ornithogalum caudatum (syn. *Ornithogalum longibracteatum*)

   | Höhe bis 60 cm | pflege-leicht |

Mehrjähriges, wärmeliebendes, immergrünes Liliengewächs mit schmal überhängenden Blättern. An langen Stielen stehen die weißen Blüten, die mit einem grünlichen Mittelstreifen versehen sind (typisches Merkmal).
Herkunft Südafrika.
Standort Sonnig bis schattig. Durchlässiger, mit grobem Material durchsetzter Gartenboden.
Pflege Verträgt längere Trockenperioden. Warm und hell überwintern.
Schädlinge Auf Schnecken achten.
Vermehrung Durch Samen, besser aber über Brutzwiebeln.

Ernten Man kann aus der Zwiebel einen Keil herausschneiden, innerhalb von zwei Tagen wächst er wieder zu.
Gesundheit Die Falsche Meerzwiebel ist leicht giftig, zur innerlichen Einnahme ist sie nicht geeignet. Bei müden Füßen, Prellungen, Schmerzen in den Gelenken, alten Narben sowie Insektenstichen hilft die Auflage eines Zwiebelstücks. Achtung: Kann zu rötlichen Flecken führen, die aber nach kurzer Zeit wieder verschwinden.
Verwechslungsgefahr Die Echte Meerzwiebel (*Urginea maritima*) ist giftig. Sie hat weiße Blüten ohne grüne Streifen.

BLÜTENFARBE

BLÜTEZEIT

| Jan | Feb | März | April | **Mai** | **Juni** | **Juli** | **Aug** | **Sept** | Okt | Nov | Dez |

Kap-Pelargonie

Kap-Pelargonie
Pelargonium sidoides

	Höhe bis 30 cm	Erntezeit Januar bis Dezember	pflege-leicht	

Blüte der Kap-Pelargonie

Die frostempfindliche Staude ist mit unseren Balkongeranien verwandt. Sie bildet knollenförmige Wurzeln, die gegen Erkältungskrankheiten helfen können.

Herkunft Östliches Südafrika, auf Grasland.

Standort Sonnig. Gedeiht in durchlässiger, sandiger Erde. Nicht in zu große Töpfe pflanzen.

Pflege Nur gießen, wenn die Sonne scheint. Sehr empfindlich gegenüber Staunässe. Überwinterung: hell bei 5 bis 10 °C.

Vermehrung Stecklinge vor der Blüte.

Ernten Wurzel nach Bedarf.

Gesundheit und Küche Die Pelargonien-Art enthält Cumarine, vor allem das Umckalin. In Südafrika wird die Wurzel der Kap-Pelargonie traditionell bei Durchfall, Magen- und Darmbeschwerden sowie gegen Husten und Tuberkulose verwendet. Als Tee aufgebrüht, kann die Kap-Pelargonie wie ein Antibiotikum bei vielen Infekten eingesetzt werden. Außerdem bringt sie das Immunsystem auf Trab, löst Schleim aus den Bronchien und wirkt, als Tinktur aus den Wurzeln hergestellt, auch bei chronischen Infektionen der Atemwege und im Hals-Nasen-Ohren-Bereich.

BLÜTENFARBE

BLÜTEZEIT

Jan	Feb	März	April	Mai	Juni	Juli	Aug	Sept	Okt	Nov	Dez

Harfenstrauch

Blütenstand

Harfenstrauch, Verpiss-dich-Pflanze
Plectranthus x caninus (syn. Coleus × canin)

  | Höhe bis 40 cm | pflege-leicht |

Mehrjähriger, wärmeverträglicher Lippenblütler. Die fleischigen Blätter sind leicht behaart und mattgrün. Im Frühsommer entstehen hell-violette Blüten über dem Laub.

Herkunft Die Eltern der Verpiss-dich-Pflanze stammen aus Südafrika. Die Verpiss-Dich-Pflanze ist eine Züchtung des schwäbischen Gärtners Stegmeier in Essingen.

Standort Sonnig bis halbschattig, warm und geschützt. Gute, durchlässige Gartenerde.

Pflege Kann das ganze Jahr zurückgeschnitten werden. Hell und frostfrei, nicht unter 8 °C, überwintern. Erde mäßig trocken bis trocken.

Schädlinge Bei zu trockenem Standort können Schmierläuse, im Sommer auch Schnecken und Raupen auftreten.

Vermehrung Stecklinge das ganze Jahr über, dabei auf warme Erde achten.

Verwendung Der Moschusduft des einen Elternteils wurde mit dem Mentholaroma des anderen Elternteils gekreuzt, es entstand ein guter Katzenschreck. Auch Marder meiden diesen Duft: Ein Topf in der Garage vertreibt diese Tiere für lange Zeit. Der Geruch ist für Menschen nicht aufdringlich, für Tiere mit empfindlichen Geruchsorganen aber unangenehm.

BLÜTENFARBE

BLÜTEZEIT

| Jan | Feb | März | April | Mai | Juni | Juli | Aug | Sept | Okt | Nov | Dez |

Afrikanische Schnupftabakpflanze

Afrikanische Schnupftabakpflanze, Kanna
Sceletium tortuosum

☼	Höhe bis 30 cm	Erntezeit Januar bis Dezember	pflege-leicht	🪴

Mehrjähriger, immergrüner Bodendecker aus der Familie der Mittagsblumengewächse mit fleischigen, an den Spitzen eingebogenen Blättern. Im Sommer bilden sich blassgelbe Blüten.
Herkunft Südafrika, sogenanntes Kannaland.
Standort Sonnig. Durchlässiger, sandiger Boden, am besten mit Sand vermischte Erde.
Pflege Kann längere Zeit ohne Wasser auskommen. Die frostempfindliche Pflanze benötigt im Winter einen hellen, sonnigen Platz.
Schädlinge Im Sommer Schnecken.
Vermehrung Durch Samen, aber leichter das ganze Jahr über durch Stecklinge.

Ernten Blätter ganzjährig, im Oktober hat die Pflanze jedoch die intensivsten Wirkstoffe.
Gesundheit Wirkt schmerzstillend und reduziert das Hungergefühl. Die frischen Blätter zeigen keine psychoaktive Wirkung, wird die Pflanze fermentiert oder getrocknet, wirkt sie stimmungsaufhellend, angstlösend und beruhigend, rauschähnlich, in größeren Mengen auch euphorisierend und die Wahrnehmung verändernd. In der afrikanischen Volksmedizin wird Kanna als Schmerzmittel verwendet und als Droge, die Hemmungen abbaut und das Selbstbewusstsein fördert.

BLÜTENFARBE

BLÜTEZEIT

| Jan | Feb | **März** | **April** | **Mai** | Juni | Juli | Aug | Sept | Okt | Nov | Dez |

Ibozastrauch

Ibozastrauch, Ingwerbusch
Tetradenia riparia (syn. Iboza riparia)

	Höhe bis 300 cm	Erntezeit Januar bis Dezember	pflege- leicht	

Mehrjähriger, wärmeliebender, aromatischer Strauch mit herzförmigen, behaarten, gezähnten Blättern und schönen Blütenähren, die Nachtschmetterlinge anlocken. Männliche und weibliche Blüten unterscheiden sich in Form und Farbe, von weiß (weiblich) bis lilafarben (männlich).

Herkunft Südafrika, kommt aber bis Ostafrika an Flussufern vor.

Standort Sonnig, windgeschützt. Humos.

Pflege Erde mit Sand und Lava vermischen. Im Sommer regelmäßig gießen. Ein jährlicher Rückschnitt fördert kompaktes Wachstum. Im Winter sparsam gießen und hell, nicht unter 10 °C stellen.

Schädlinge Gelegentlich Spinnmilben.

Vermehrung Aussaat schwierig (Lichtkeimer), besser Stecklinge im Frühsommer.

Ernten Stängel, Blätter, Blüten.

Gesundheit Blätter und Stängel enthalten große Mengen an ätherischen Ölen. Das Zulu-Volk nutzt sie bei Brust- und Magenschmerzen und vorbeugend gegen Malaria. Den Dampf der zerkleinerten Blätter einzuatmen, hilft gegen Kopfschmerzen. Das halluzinogene Kraut wird auch mit Tabak vermischt geraucht.

BLÜTENFARBE

BLÜTEZEIT

Jan	Feb	März	April	Mai	Juni	Juli	Aug	Sept	Okt	Nov	Dez

Zimmerknoblauch

Zimmerknoblauch
Tulbaghia violacea

		Höhe 40 bis 80 cm	Erntezeit Januar bis Dezember	pflege- leicht	

Der mehrjährige, nicht winterharte Lauch trägt immergrüne, schmale, grasartige Blätter und bildet von Mai bis September sehr schöne, purpurviolette oder weiße Blüten. Die Pflanze schmeckt intensiv nach Knoblauch, bildet aber keine Knolle. Es werden die Blätter und Blüten zum Würzen verwendet.

Herkunft Südafrika.

Standort Sonnig bis halbschattig. Durchlässige, humusreiche Böden sind ideal. Den Zimmerknoblauch am besten im Topf ziehen. In kleinen Töpfen werden mehr Blüten, in größeren Töpfen mehr Halme gebildet.

Pflege Viel gießen, verträgt für kurze Zeit auch Staunässe. Wurzelballen aber von Zeit zu Zeit abtrocknen lassen. Nicht mit Dünger sparen.

Vermehrung Aussaat im Frühjahr, Rhizomteilung im Herbst.

Ernten Blätter und Blüten nach Bedarf.

Küche Die Halme des Zimmerknoblauchs können wie Schnittlauch verwendet werden. Klein gehackt passen sie zu Salaten, Saucen und Knoblauchbutter. Die hübschen Blüten können als Würze und Garnierung genutzt werden.

BLÜTENFARBE

BLÜTEZEIT

Jan	Feb	März	April	**Mai**	**Juni**	**Juli**	**Aug**	**Sept**	Okt	Nov	Dez

Australische und tasmanische Kräuter

Während wir oft erst an unsere Gesundheit denken, wenn wir krank sind, gehört es zu der grundsätzlichen Lebenseinstellung der australischen Ureinwohner, mit Körper, Geist und Natur in Harmonie zu leben und so gar nicht erst krank zu werden. Jede Krankheit schließt die Warnung mit ein, dass die Harmonie der Gemeinschaft in Gefahr sein könnte.

Das Heilungssystem der eng mit der Natur verbundenen Aborigines ist komplex und umfasst unterschiedliche Lebensaspekte. Es bezieht sowohl den Einzelnen als auch die Gemeinschaft, das Lebensumfeld, das gesamte Land und die Natur mit ein. Die Kraft der Heilpflanzen war ihnen schon vor Tausenden von Jahren bekannt.

Die Gesundheit zu bewahren bedeutet, die richtige Nahrung zu sich zu nehmen und den richtigen Schlafplatz sowie den richtigen Lebenspartner zu wählen, also mit dem richtigen Menschen am richtigen Ort zusammenzuleben und stets im Einklang mit der Natur zu denken und zu handeln.

Eukalyptus

Eukalyptus
Eucalyptus globulus

☀	Höhe bis 300 cm	Erntezeit Januar bis Dezember	pflege-leicht	🪴

Der bei uns immergrüne, mehrjährige Strauch wird in unseren Breiten am besten als Kübelpflanze gezogen. In seiner Heimat wird der Eukalyptusbaum bis zu 25 Meter hoch. Bei genügend Abhärtung kann Eukalyptus in Gegenden mit mildem Weinbauklima auch ins Freie gepflanzt werden. Die silbergrauen, weichen Blätter werden getrocknet.

Herkunft Australien und Tasmanien.

Standort Sonnig. Nährstoffreiche, neutrale bis saure Böden sind am besten geeignet.

Pflege Im Sommer viel gießen und düngen. Im Winterquartier nur wenig Wasser und Dünger geben. Überwinterung: hell, zwischen 0 °C und 20 °C.

Schädlinge Woll- und Schmierläuse

Vermehrung Aussaat (Lichtkeimer), Stecklinge.

Ernten Blätter nach Bedarf, frisch verwenden.

Gesundheit Eukalyptus wirkt aromatisch, stimulierend und schleimlösend. Er lindert Krämpfe und senkt Fieber. Das bekannte Eukalyptusöl wird aus den Blättern gewonnen. Die zerkleinerten Blätter werden äußerlich zum Inhalieren und für Dampfbäder bei Katarrh, Bronchitis, Nebenhöhlenentzündungen, Erkäl-

BLÜTENFARBE

BLÜTEZEIT

Jan	Feb	März	April	Mai	Juni	Juli	Aug	Sept	Okt	Nov	Dez

Blätter des Eukalyptus

Eukalyptusblüte

tungen und Influenza verwendet. Mit dem Eukalyptusöl können Quetschungen und Muskelschmerzen behandelt werden. Bei sehr empfindlicher Haut kann das Eukalyptusöl auch mit einem milden Olivenöl vermischt werden. Vorsicht: Nicht überdosieren, Eukalyptus enthält sehr viel ätherische Öle. Das Öl wird in Australien nicht bei Kindern angewendet, weil es möglicherweise zu asthmatischen Anfällen führen kann.

Weitere Arten Der Zitronenduft-Eukalyptus (*Eucalyptus citriodora*) ist mehrjährig, sehr aromatisch und hat ähnliche Eigenschaften. Er hilft auch bei Bakterien- und Pilzinfektionen. Die getrockneten Blätter finden in Duftmischungen und Duftsäckchen Verwendung. Auch zum Inhalieren bei Fieber und Asthma anwendbar. Diese Art wird auch zum Parfümieren in der Kosmetik- und Waschmittelindustrie verwendet. Der Honig-Eukalyptus (*Eucalyptus mellifera*) ist ebenfalls ein mehr-

getrocknete Eukalyptusblätter

jähriger Strauch aus Australien. Seine Blätter duften sehr stark nach Honig. Der Pfefferminz-Eukalyptus (*Eucalyptus radiata*) ist auch ein mehrjähriger Strauch aus Australien. Er duftet ebenfalls nach Pfefferminze.

Neuseeländische Myrte

Neuseeländische Myrte, Manuka
Leptospermum scoparium

☼	◑	Höhe bis 200 cm	Erntezeit Januar bis Dezember	anspruchs- voll	🌱

Der immergrüne, bis −5 °C frostharte Strauch gehört zu den Myrtengewächsen. An den aufrechten, holzigen Zweigen wachsen nadelförmige Blätter und weiße, rosa oder rote Blüten.
Herkunft Bergige Regionen Neuseelands, Australiens und Tasmaniens.
Standort Sonnig bis halbschattig, hell.
Pflege Darf niemals austrocknen, aber auch nicht staunass stehen, sonst verfaulen die Wurzeln sehr schnell. Nicht mit Dünger sparen! Sobald sich die Blätter braun färben, ist die Pflanze nicht mehr zu retten. Einmal im Jahr zurückschneiden. Im Winter am besten bei

etwa 5 °C halten. Steht sie im Winter zu warm, bilden sich im Sommer keine Blüten.
Schädlinge Gelegentlich Woll- und Schmierläuse.
Vermehrung Aussaat im Frühjahr (warm stellen) oder besser Stecklinge im Sommer.
Ernten Ganzjährig Rinde, Blätter und Blüten.
Gesundheit Am meisten verwendet wird das aus den Blättern gewonnene Manuka-Öl und Manuka-Honig. Ein Tee hilft innerlich bei Magen- und Darmbeschwerden, Erkrankungen der Blase und Erkältungen, äußerlich in Form von Umschlägen bei Hautkrankheiten.

BLÜTENFARBE

BLÜTEZEIT

| Jan | Feb | März | April | Mai | Juni | Juli | Aug | Sept | Okt | Nov | Dez |

Tasmanischer Minzestrauch

Tasmanischer Minzestrauch
Prostanthera cuneata

		Höhe 80 bis 120 cm	Erntezeit Januar bis Dezember	anspruchs-voll	

Mehrjähriger, immergrüner Kleinstrauch mit dicht besetzten Blättern, die auffallend klein und rundlich sind und stark aromatisch nach Minze duften. Die zahlreichen großen, hellrosa Lippenblüten haben eine lilafarbene Mitte und sitzen eng am Stängel.

Herkunft Australien und Tasmanien, allerdings ist die Pflanze dort inzwischen in der Natur nicht mehr anzutreffen.

Standort Sonnig, unter großen Bäumen auch im Halbschatten. Durchlässige, grobe, lehmige Erde.

Pflege Im Sommer nie austrocknen lassen. Im Winter können die Pflanzen auch leichte Fröste vertragen, wenn sie an einem hellen Platz stehen.

Schädlinge Pflanzen sind in der Regel frei von Schädlingen, sofern die Überwinterung nicht zu warm erfolgt.

Vermehrung Stecklinge nach der Blüte im Sommer.

Ernten Das ganze Jahr Blätter und Blüten.

Küche Blätter enthalten sehr viel Harz. Sie ergeben einen guten Minze-Tee und aromatisieren verschiedene Teemischungen. Die essbaren Blüten garnieren Salate und Speisen.

BLÜTENFARBE

BLÜTEZEIT

Jan	Feb	März	April	Mai	Juni	Juli	Aug	Sept	Okt	Nov	Dez

Australischer Minzestrauch

Australischer Minzestrauch
Prostanthera rotundifolia

| ☀ | ◑ | Höhe bis 200 cm | Erntezeit Januar bis Dezember | anspruchs-voll | 🪴 |

Mehrjähriger, immergrüner Lippenblütler mit unzähligen kleinen, rundlichen Blättern, die ein herbes, starkes Minze-Aroma haben. Ab Dezember erscheinen zahlreiche lila- bis purpurfarbene Blüten, die noch stärker als die Blätter nach Minze duften.
Herkunft Australien und vereinzelt Tasmanien.
Standort Sonnig bis halbschattig. Durchlässige, mit Sand und Lehm vermischte Erde.
Pflege Im Sommer immer gleichmäßig feucht halten. Trocknet der Wurzelballen aus, reagiert die Pflanze mit sofortigem Blattfall. Kühle Temperaturen werden nicht vertragen. Da sie während unserer Winterzeit blüht, sollte sie einen hellen Platz bekommen. Staunässe vermeiden!
Schädlinge Im Winter kann es bei zu trockenem Standort zu einem Befall mit Schmierläusen kommen.
Vermehrung Stecklinge im Sommer.
Ernten Das ganze Jahr Blätter und Blüten.
Küche Blätter und Blüten aromatisieren Tees oder Teemischungen, in denen der erfrischende Minze-Duft erst richtig zur Geltung kommt. Die Blüten sind im Winter eine außergewöhnliche Ergänzung für Salate und zur Garnierung verschiedener Speisen.

BLÜTENFARBE

BLÜTEZEIT

| **Jan** | **Feb** | **März** | *April* | *Mai* | *Juni* | *Juli* | *Aug* | *Sept* | *Okt* | *Nov* | **Dez** |

Service

Bezugsquellen

Die Sortierung erfolgt nach
Postleitzahlen.

Kräuter- und Stauden-
gärtnerei Mann
Schönbacherstr. 25
02708 Lawalde
Tel.: 0 35 85 / 40 37 38
Fax: 0 35 85 / 41 65 59
E-Mail:
info@pflanzenreich.com
www.pflanzenreich.com

Kräuterei Silvia Heinrich
Alexanderstr. 29
26121 Oldenburg
Tel./Fax.: 04 41 / 88 23 68
E-Mail:
kraeuterei@t-online.de
www.kraeuterei.de

Rühlemann's Kräuter &
Duftpflanzen
Auf dem Berg 2
27367 Horstedt
Tel.: 0 42 88 / 92 85 58
Fax: 0 42 88 / 92 85 59
E-Mail:
info@ruehlemanns.de
www.ruehlemanns.de

Kräuterey Lützel
Im Stillen Winkel 5
57271 Hilchenbach-Lützel
Tel.: 0 27 33 / 38 46
Fax: 0 27 33 / 1 26 79
E-Mail: info@kraeuterey.de
www.kraeuterey.de

Otzberg Kräuter
Burghart Koch-Seubert
Erich Ollenhauer-Str. 87 B
65187 Wiesbaden

Tel.: 06 11 / 8 12 05 45
Fax: 06 11 / 8 46 05 58
www.otzberg-kraeuter.de

Calendula Kräutergarten
Storchshalde 200
70378 Stuttgart-Mühlhausen
Tel.: 0711 / 53069473
E-Mail: info@calendula-
kraeutergarten.de
www.calendula-kraeuter
garten.de

Syringa
Duftpflanzen und Kräuter
Dipl. Biol Bernd Dittrich
Bachstraße 7
78247 Hilzingen-Binningen
Tel.: 0 77 39 / 14 52
Fax: 0 77 39 / 6 77
E-Mail:
info@syringa-samen.de
www.syringa-samen.de

Hof Berggarten
Lindenweg 17
79737 Großherrischwand
Tel.: 07764 / 239
Fax: 07764 / 215
www.hof-berggarten.de

Blumenschule
Rainer Engler
Augsburger Str. 62
86956 Schongau
Tel.: 0 88 61 / 73 73
Fax: 0 88 61 / 12 72
E-Mail:
info@blumenschule.de
www.blumenschule.de

Christian Herb
Heiligkreuzerst. 70
87439 Kempten
Tel.: 08 31 / 9 33 31

Fax: 08 31 / 9 42 07
E-Mail: info@Bio-Kraeuter.de
www.bio-kraeuter.de

Artemisia
Hopfen 29
88167 Stiefenhofen im Allgäu
Tel.: 08386 / 960510
Fax: 08386 / 961520
E-Mail: info@artemisia.de
www.artemisia.de

Kräuter im Brunnenhof
Kornstraße 61
88370 Ebenweiler
Tel.: 0 75 84 / 32 33
E-Mail: brunnenhof-kraeuter-
und-mehr@t-online.de
www.brunnenhof-kraeuter-
und-mehr.de

Magic Garden Seeds
Regerstr. 3
93053 Regensburg
www.magic-garden-seeds.de

Raritätengärtnerei Treml
Eckerstr. 32
93471 Arnbruck
Tel.: 0 99 45 / 90 51 00
Fax: 0 99 45 / 90 51 01
E-Mail:
treml@pflanzentreml.de
www.pflanzentreml.de

Österreich

Gartenbau Wagner
Gutendorf 36
A-8353 Kapfenstein
Steiermark
Tel.: +43 (0)3157 / 2395
Fax: +43 (0)3157 / 2607
E-Mail:
mail@gartenbauwagner.at
www.gartenbauwagner.at

Register

Impressum

Mit 221 Farbfotos von:
Bayerische Landesanstalt für Landwirtschaft, Freising/Bomme: 36; **Bayerische Landesanstalt für Landwirtschaft, Freising/Fuchs**: 39 ore; **Bayerische Landesanstalt für Landwirtschaft, Freising/Heuberger**: 39 li, 82 re, 85 u; **Bayerische Landesanstalt für Landwirtschaft, Freising/Rinder**: 82 li; **Bayerische Landesanstalt für Landwirtschaft, Freising/Seemann**: 35 o, 37 li, 39 Mire, 63 (beide), 83 Mire, 86 li, 86 Mire; **Otmar Diez**, Sulzthal: 22; **Florapress**, Hamburg: 52 ore; **Florapress/Diez** 41 ure; **Florapress/GAP Photos**: 21, 44; **Florapress/Visions**: 6; **Das Gartenarchiv/Lehmann**: 141; **Das Gartenarchiv/Makkala**: 70; **Das Gartenarchiv/UBC,S.Shebs**: 124; **Das Gartenarchiv/Wiedemann**: 142; **Das Gartenarch v/Wilstermann-H**: 64; **Gartenschatz**, Stuttgart: 31 re, 45, 48 li, 55, 93 u, 138, 152; 155; **GPL/Burrows**: 144; **Frank Hecker**, Panten-Hammer: 112; **Rudolf König**, Preetz: 77, 100, 118, 119, 143, 150; **Botanik Bildarchiv Laux**, Biberach/Riß: 31 li, 33, 34, 47 o, 49 o, 54 Mire, 56, 58, 66, 69 Mire, 71 li, 74; 85 o, 89, 125, 133 li, 133 re, 139, 147, 158 li, 158 re, 163 o, 167; **Verena Lindenthal**, Sommerach: 2, 35 re,41 o, 52 ure, 71 re, 84 re, 86 ore, 87, 93 oli, 116, 117 u, 137, 157 (beide), 165 ure; **Reinhard-Tierfoto**, Heiligkreuzsteinach-Eiterbach: 28, 29, 30, 42, 52 li, 53, 57, 59, 67, 92, 111, 161, 164; **Reinhard-Tierfoto/Hans Reinhard**, Heiligkreuzsteinach-Eiterbach: 10, 11 oli, 11 ore, 11 u, 18 o, 18 u, 19 (beide), 20, 23, 40, 54 o, 68, 83 o, 102, 121; **Reinhard-Tierfoto/Nils Reinhard**, Heiligkreuzsteinach-Eiterbach: 8, 9, 13; **Manfred Ruckszio**, Taunusstein: 7 o, 12, 24, 25 o, 25 Mi, 50 o, 60 o, 60 Mire, 61, 79, 80, 91, 95 Mire, 97, 115, 134, 135 u. 145 Mi, 151, 153, 163 Mi; **Peter Schönfelder**, Pertling: 26, 37 re, 93 ore, 106, 117 o, 146; **Roland Spohn**, Engen: 1, 3, 7 Mi, 7 u, 25 u, 32 li, 32 re, 46, 47 Mire, 48 re, 49 Mire, 50 re, 69 o, 73, 76, 78 re, 84 li, 88 (beide), 90, 94, 95 o, 95 u, 96, 98, 101, 103, 104, 105, 108, 109 (beide), 110, 113, 122, 126, 127, 129, 130, 131, 132, 135 o, 140, 145 o, 145 u, 148, 149, 154, 156 li, 156 re, 160, 162, 165 ore, 166, 168; **Syringa/Bernd Dittrich**, Hilzingen-Binningen: 4/5, 7, 78 li, 99, 107, 136; **Franz-Xaver Treml**, Arnbruck: 27, 38, 43, 62, 65, 72, 81, 114, 120, 123, 128, 159; **Andreas Vietmeier**, Münster: 14, 15 (alle drei), 16 (beide), 17; **Helga Wagner**, A-Kapfenstein: 51, 163 u, 165 li.

In diesem Buch werden Hinweise zur Naturheilkunde gegegeben. Nur auf die beschriebenen Arten trifft die angegebene Verwendung zu, ihr Gebrauch setzt daher ihre sichere Kenntnis voraus. Heilpflanzentees sollten immer nur beschränkte Zeit und nicht länger als nötig eingenommen werden, auch Hausteemischungen sollte man öfter wechseln. Behandelt werden dürfen nur leichtere Gesundheitsstörungen, die keiner ärztlichen Behandlung bedürfen. Den Arztbesuch kann dieses Buch auf keinen Fall ersetzen. Auch dürfen verschiedene Kräuter, z. B. Rosmarin, nicht während der Schwangerschaft eingenommen werden.

Alle Angaben in diesem Buch sind sorgfältig geprüft und geben den neuesten Wissensstand bei der Veröffentlichung wieder. Da sich das Wissen aber laufend in rascher Folge weiterentwickelt und vergrößert, muss jeder Anwender prüfen, ob die Angaben nicht durch neuere Erkenntnisse überholt sind. Dazu muss er zum Beispiel Beipackzettel zu Dünge-, Pflanzenschutz- bzw. Pflanzenpflegemitteln lesen und genau befolgen sowie Gebrauchsanweisungen und Gesetze beachten.

Die Blütenfarben sind sortenabhängig, daher können auch Farben auf dem Markt sein, die im Buch nicht genannt werden. Die Blütezeiten sind ebenfalls sortenabhängig, aber auch klima- und standortabhängig. Die angegebenen Wuchshöhen und -breiten der Pflanzen sind Mittelwerte. Sie können je nach Nährstoffgehalt des Bodens variieren. Verschiedene Sorten können deutlich größer oder auch kleiner wachsen als die Art.

Unser gesamtes lieferbares Programm und viele weitere Informationen zu unseren Büchern, Spielen, Experimentierkästen, DVDs, Autoren und Aktivitäten finden Sie unter **www.kosmos.de**

Mix
Produktgruppe aus vorbildlich bewirtschafteten Wäldern und Recyclingholz oder -fasern
www.fsc.org   Zert.-Nr. SGS-COC-004980
© 1996 Forest Stewardship Council

Gedruckt auf chlorfrei gebleichtem Papier

© 2010, Franckh-Kosmos Verlags-GmbH & Co. KG, Stuttgart.
Alle Rechte vorbehalten
ISBN 978-3-440-12403-1
Redaktion: Carolin Küßner
Produktion: Siegfried Fischer
Grundlayout: eStudio Calamar
Printed in Slovakia /Imprimé en Slovaquie

Umschlaggestaltung von Ralf Paucke, auf Grundlage der Reihengestaltung von eStudio Calamar, unter Verwendung von fünf Farbfotos:
Umschlagvorderseite von GPL/Buro Kloeg/Niels Kooijman (Lemonysop) und Verena Lindenthal, Sommerach (Franz-Xaver-Treml).
Umschlagrückseite von Roland Spohn, Engen (links: Guaven-Salbei, Mitte: Schwarznessel) und Manfred Ruckszio, Taunusstein (rechts: Chinesisches Helmkraut).

Mit 221 Farbfotos.